LA CROIX DES PAUVRES

Retrouvez Mathieu dans le
second tome de cette histoire
L'épée des puissants

Loi n° 49956 du 16 juillet 1949
sur les publications destinées à la jeunesse
ISBN 978-2-09-251716-1

LA CROIX DES PAUVRES

Pierre Davy

Illustrations de Gilles Scheid

Nathan

CHAPITRE I

L'hiver s'attarde sur l'Auvergne en cet an de grâce 1096. Sur le chemin qui conduit vers le nord, Mathieu Boveret marche à grands pas, un baluchon sur l'épaule, un lourd bâton à la main. À maintes reprises, sans ralentir l'allure, il se retourne ; il a dans le regard l'anxiété des fugitifs qui craignent d'être poursuivis.

Mathieu est un serf : un manant, un paysan de la plus humble espèce. Il est, comme son père, sa mère et sa jeune sœur, propriété du comte de Vaugremont, au même titre que leur tenure, l'une de ces parcelles de terre où s'échinent des milliers de leurs semblables. Un labeur sans fin et sans espoir, pour arracher à la glèbe leur maigre subsistance et celle, dix fois plus exigeante de leur seigneur, de sa famille et de ses gens.

Hier, il a commis un premier forfait. Il s'est révolté contre la volonté de l'intendant du château, l'âme damnée du comte. Celui qui, au nom de son maître, prélève sans pitié la moitié des récoltes et soumet les serfs à la corvée de chaque mois.

La corvée ! Pour son père et lui, c'était le charroi de pierres destinées au château. Alors qu'il marche, il revoit la scène avec une précision impitoyable. Conduisant Rubin et Rouvert, les bœufs de son père, il vient de pénétrer dans la cour du château, le chariot chargé de dix blocs de pierre arrachés à la carrière. La carrière ! Un lieu d'enfer où s'épuisent des êtres encore plus miséreux que lui, et qui subissent là un châtiment plus redouté que les geôles du seigneur. Tandis que les ouvriers maçons déchargent le véhicule, l'intendant s'approche. Mathieu retire son bonnet.

– Tu es bien le fils de Clément Boveret ?

– Oui, messire.

– Quel âge as-tu ?

– J'aurai dix-huit ans à la Saint-Michel.

– Tu me parais bien bâti et pas trop laid pour un rustre. J'ai entendu dire par le curé que tu étais plutôt bon sujet, et moins borné que beaucoup d'autres. Tu sais panser un cheval ?

– Non, messire. Seulement les bœufs.

– C'est du pareil au même. Tu apprendras. Le comte veut un palefrenier capable de suivre à pied la chasse quand il court le cerf ou le sanglier, et de soigner les chevaux le reste du temps. Le gîte et la nourriture au château. Cinq deniers et une paire de sabots à la Noël. Tu prends ton service demain à l'aube.

Mathieu demeure muet, les bras ballants. L'habitude de s'incliner devant la volonté des maîtres le paralyse un instant. Enfin, il se reprend :

– Je sais que vous me faites un honneur en me proposant cela, mais je ne peux pas.

– Tu ne peux pas ! Et pourquoi donc ?

– Je dois aider mon père sur la tenure. Présentement, il est malade et…

– Ne te soucie pas pour ton père. On allégera une bonne part de sa dette pour les bœufs. Ils ne sont pas encore à lui, tu sais !

Le jeune homme sent une terrible tentation le saisir : accepter une fatalité qui, somme toute, serait bénéfique aux siens et à lui-même. Cependant, une nouvelle fois, il se rebelle :

– Vous êtes bon, messire, mais je ne veux pas.

L'intendant en suffoque d'indignation et de colère. Il tend les bras vers le donjon, comme pour prendre son seigneur à témoin.

– Il ne veut pas ! Il ne veut pas ! Qu'est-ce que tu ne veux pas, manant ?

– Je ne veux pas être valet. Je préfère continuer à gratter la terre, de mes mains nues s'il le faut.

– Mais qu'est-ce que c'est que cette mauvaise graine ! Je ne t'ai pas donné le choix, mon bonhomme. Demain matin, à la première heure, tu te présentes à la poterne. Sinon, j'envoie les gardes te chercher. Et, tu peux me croire, tu ne seras pas palefrenier, mais portefaix sur le chantier du donjon, ou à la carrière.

Au souvenir de cette scène, Mathieu accélère encore sa marche, soudain effrayé par ce qu'il est en train de faire. Car à son premier acte de rébellion, il en a ajouté un deuxième, qui, celui-là, peut lui valoir la corde si on le reprend. Il a fait ce qu'un manant peut commettre de plus grave envers les lois seigneuriales. Il a abandonné sa tenure, là où sa condition l'enchaîne. Il est maintenant un serf en fuite, qu'on peut poursuivre et abattre comme un gibier.

Ce qu'il vient de vivre, dans les heures qui ont précédé, il pense que jamais il ne pourra l'arracher à sa mémoire.

Son père est à demi allongé sur son grabat, où une crise de gravelle le tient cloué. Sans mot dire, il écoute Mathieu.

– Ils vont envoyer les gardes me chercher si je n'obéis pas.

La mère, qui a tout entendu, s'approche. C'est une femme taciturne, qui habituellement garde ses pensées pour elle. Elle semble indifférente à tout ce qui n'est pas la survie de chaque jour. Cette fois, elle ose se mêler à la conversation :

– Les gens qui travaillent au château sont bien nourris, bien habillés. Ils peuvent même gagner quelques deniers. Mathieu se fera une place ; il nous aidera.

– Et il deviendra un de ces bons à rien, de ces fainéants qui ne pensent qu'à s'empiffrer des restes des festins du seigneur. Tu le verras, à travers nos champs, courir derrière les chevaux de chasse, au milieu de la meute, pour mériter sa pitance.

– N'empêche, intervient sa sœur Mathilde, Mariette, la fille à Nicolas, est venue au village la semaine dernière. Sa maîtresse lui avait donné une robe pas même usée, et c'est des souliers qu'elle avait aux pieds, pas des sabots de bois !

– Tais-toi, pauvre sotte ! Elle ne t'a pas dit que, tous les matins, c'est elle qui va vider le pot de chambre de la damoiselle. Mathieu ! Tu ne veux pas servir au château ?

– Non, père, je ne veux pas !

– Pourquoi ?

– Je ne sais pas. Je veux bien besogner pour leur subsistance, pas servir à leur bon vouloir.

– Alors, il faut t'ensauver, mon garçon.

La mère pousse un cri de bête blessée :

– Tu es fou ! Ils vont le pourchasser, l'attraper et le pendre. Ils vont se venger sur nous, prendre tes bœufs…

– Peut-être, mais Mathieu sera libre.

– Libre ! Est-ce que nous sommes plus libres que les valets du château ? Pour le seigneur, tu vaux moins qu'un de tes bœufs.

– C'est vrai, mais ce sont mes mains qui le nourrissent, et ça, même s'il ignore que j'existe, il m'en est redevable devant Dieu.

Puis, se tournant vers Mathieu qui a l'impression que le sol se dérobe sous ses pieds :

– Fils, fais ton bagage. Emporte la couverture de laine. Dans la niche, derrière la huche, il y a vingt deniers. Prends-en cinq, et va-t'en. Vite !

– Mais où m'en aller, père ?

– Va au nord. Toujours au nord. Le baron des Coudrets appartient au roi de Bourgogne. Il est son vassal. La Bourgogne est terre de Germanie et non de France. Personne ne pourra t'y poursuivre. On dit que là-bas, ils sont accueillants pour les serfs en fuite. Pars tout de suite. Marche toute la soirée, toute la nuit. Tu reviendras, j'en suis certain. Dieu ne me fait pas souffrir en vain.

Et Mathieu marche, marche. Il sait ce qu'il fuit, il ne sait pas ce qui l'attend. Au fil de ses pas, la peur qui le poussait en avant a fait place à un autre sentiment, qu'il n'avait jamais éprouvé jusqu'alors. Sauf une fois peut-être…

Il arrachait les mauvaises herbes d'un champ de seigle à peine levé, en prenant garde de ne pas fouler les jeunes pousses. Dans un galop de tonnerre, la chasse est passée près de lui. À sa tête, Renaud de Vaugremont, le fils du comte. Ils avaient sans doute le même âge. Mathieu a ôté son bonnet de feutre pour saluer, mais une rage étrange, semblable à celle qu'il ressent maintenant, lui a mordu le cœur. Le cavalier ne lui a pas jeté un regard.

Une rage qui lui donne envie de frapper, de se battre en hurlant, alors qu'il ne peut que fuir, fuir en silence.

CHAPITRE II

Mathieu Boveret est assis sur le parapet de pierre du pont qui enjambe le ruisseau des Loges. Le crépuscule approche, et il est loin d'être hors des terres de Vaugremont. Il n'est même plus sûr d'avoir encore la volonté de poursuivre sa route.

En quittant sa chaumière, après avoir reçu une dernière bénédiction de son père, il lui a fallu s'arracher aux bras de sa mère, qui tentait de le retenir sur le seuil.

– Ne fais pas ça, Mathieu. Ne t'en va pas ! Tu laisses le malheur derrière toi !

Tandis qu'il s'échappait en courant, il l'a entendue crier :

– Tu iras en enfer pour nous avoir abandonnés. En enfer !

Il y a à peine un instant, comme il atteignait le ruisseau, un autre cri l'a immobilisé :

– Attends-moi, Mathieu ! Emmène-moi avec toi !

À une trentaine de pas derrière lui, sa sœur, hors de souffle, joignait les mains en signe de supplication. Il ne l'avait pas vue en quittant le logis ; ne l'avait pas cherchée non plus. Elle n'a que treize ans. Comment ses maigres jambes d'enfant mal nourrie lui avaient-elles permis de le rejoindre, lui qui avait marché aussi vite que possible ?

– Emmène-moi, répétait-elle. Je suis forte, tu sais ; je peux marcher. Ils me prendront à ta place au château, comme servante. J'y avais pensé, mais maintenant, je ne veux plus.

– Va-t'en, Mathilde ! Retourne à la maison. Tu ne peux pas me suivre. Je ne sais même pas où je vais.

– Ça ne fait rien. Je te promets…

– Va-t'en, je te dis !

Mathieu s'est baissé pour saisir un caillou du chemin et a fait mine de le lancer vers la gamine, ainsi qu'il avait coutume d'agir pour convaincre leur chien Noiret de rester à son poste de garde, lorsque son père et lui partaient aux champs.

La petite s'est enfuie en sanglotant, mais auparavant, elle a détaché de son cou son minuscule crucifix de buis et l'a déposé sur une pierre.

– Prends-le, Mathieu. Si tu le gardes sur toi, tu n'iras pas en enfer.

Le garçon ne se décide toujours pas à se remettre en marche. Il serre au creux de sa main la croix de sa sœur ; il a dans l'oreille la malédiction de sa mère ; il ne peut pas ignorer le danger qu'il fait courir à son père. Sa liberté vaut-elle d'être payée du malheur des siens ? Simplement parce qu'il refuse de troquer sa soumission de serf contre celle de valet qui lui paraît plus infamante ? Pourquoi ne pas s'incliner, baisser le front, ployer le genou, comme toujours ?

Une voix rude le fait tressaillir :

– Qu'est-ce que tu attends là, à cette heure ? Le soir va tomber. Tu n'as pas entendu l'angélus sonner ? Qu'est-ce qu'il y a dans ton baluchon ? Tu braconnes, hein ? Fais-moi voir ça !

Mathieu saute sur ses pieds. Devant lui, monté sur un grand roussin, l'un des gardes-chasse du sire de Vaugremont. Celui que les paysans ont surnommé Tortegoule, à cause du rictus perpétuel qui lui déforme le côté gauche du visage. On le craint comme le Malin lui-même, car il prend plaisir à appliquer à la lettre la loi selon laquelle le gibier est interdit aux serfs. Beaucoup des malheureux qui triment à la carrière le doivent à ce monstre, pour avoir osé tendre quelques collets.

– Mais, dis-moi, continue-t-il, tu ne serais pas le fils de Clément, le bouvier ? Les nouvelles vont vite, maraud : je sais que tu dois entrer demain au service du château. Tu comptais t'ensauver, pas vrai ?

En ricanant, le visage plus en biais que jamais, il retire une cordelette d'une de ses sacoches.

– Approche un peu et tends les bras. Je vais te ramener en vitesse auprès de l'intendant.

Mathieu s'avance, déjà résigné. Puis, venue du fond de lui, une fureur subite lui trouble l'esprit. Il saisit à pleine poigne la jambe gauche du cavalier et, ainsi qu'on soulève une bûche, l'arrache de sa selle. L'homme tombe du côté opposé, bascule sur le parapet, avant de disparaître dans le vide. Libéré, le cheval s'enfuit au galop, les étriers battant contre ses flancs.

Le garçon se penche au-dessus du muret. Quinze ou vingt pieds plus bas, le corps inerte de Tortegoule gît sur les galets du torrent, la tête dans l'eau. S'il n'est pas déjà mort, la noyade est en train de faire son œuvre. Le jeune homme, encore tout à sa colère, est stupéfait d'être allé au bout de sa révolte et d'avoir osé un tel geste, inimaginable dans la pensée d'un serf. Il n'en éprouve aucun remords, mais maintenant, l'évidence s'impose : il est un criminel ! Quand on apprendra sa fuite, personne ne doutera qu'il est le meurtrier du garde-chasse, et il n'aura pas la moindre chance de sauver sa tête. Son salut est dans la fuite. Une fuite qui l'emmènera le plus vite et le plus loin possible.

Il ramasse son baluchon, son bâton, et s'éloigne à grands pas vers l'inconnu.

CHAPITRE III

Voilà quatre jours que Mathieu marche vers le nord en s'orientant de son mieux, mais il ignore où il est, où il va. Jamais, bien sûr, il ne s'était autant éloigné de la tenure. C'est la troisième nuit qu'il passe à la belle étoile, à l'abri d'un fourré, transi de froid, s'éveillant au moindre bruit, telle une bête traquée. Grâce à Dieu, il ne pleut pas. Il n'a pas quitté les collines boisées, faisant de grands détours lorsque, dans un vallon, les aboiements d'un chien lui laissaient deviner une habitation.

La faim le tenaille. Le quignon de pain et les quelques noix encore mangeables que son père lui avait dit d'emporter ne sont plus qu'un souvenir qui le fait déglutir malgré lui. En ce début du mois de mars, ni la forêt ni les champs n'offrent rien de comestible. Il va bien devoir se résoudre à quémander un peu de nourriture dans le prochain hameau qu'il découvrira, au risque d'être chassé et dénoncé. Les pauvres hésitent à se montrer charitables quel que soit leur bon vouloir.

Au sortir d'un hallier encore dénudé de son feuillage, il débouche sur un chemin, au long duquel les traces des roues d'une charrette et celles des bœufs qui la tirent sont fraîchement marquées. S'il ne veut pas périr de faim, il ne lui reste qu'une issue : suivre les traces et rattraper l'attelage.

Il n'a pas loin à aller. Au bas d'une petite montée, un chariot bâché est immobilisé, les roues embourbées dans une fondrière. Autour, des hommes s'agitent. Deux d'entre eux poussent de tout leur poids sur l'arrière du véhicule, tandis qu'un troisième aiguillonne les bêtes en hurlant. Celles-ci, déjà engagées dans la pente, ont renoncé à avancer d'un pas. Un peu plus loin en avant, un homme d'armes observe la scène, appuyé sur sa pique.

À la vue de ce dernier, Mathieu a la tentation de sauter de côté pour se cacher dans les taillis. La faim qui lui mord le ventre l'emporte sur sa peur. Il s'approche.

– Vous n'y arriverez pas comme ça, déclare-t-il.

Les trois hommes interrompent leur effort et se retournent. Celui qui tient l'aiguillon profère un juron et s'exclame :

– C'est peut-être toi qui vas nous expliquer comment il faut s'y prendre, béjaune.

– Oui, avec votre permission.

Sans bouger de sa place, le soldat crie :

– Laissez-le faire ! Au point où on en est, ça ne peut pas être pire.

De mauvais gré, le bouvier tend l'aiguillon au jeune homme, qui l'appuie contre la roue.

– Je n'en ai pas vraiment besoin. Vous avez une chaîne de cinq ou six toises, ou une corde solide ?

– Une corde, oui. Elle est toute neuve.

– Bon. Il faut d'abord dételer les bœufs, leur faire faire demi-tour et les amener derrière le chariot.

Les hommes commencent par protester, puis se laissent convaincre par l'assurance tranquille du jeune homme. Une fois les bêtes en place, Mathieu noue une extrémité de la corde au joug et l'autre à l'arrière du véhicule.

– Surtout, soutenez bien le timon, pour éviter que ça bascule. On y va !

À petits claquements de langue et en effleurant à peine les croupes de l'aiguillon, Mathieu met les bœufs en marche. Le cordage se tend. Avec une facilité déconcertante, le chariot recule d'une vingtaine de pas dans ses propres ornières, pour atteindre le sol ferme.

– Holà, ho !

Après avoir appuyé le timon sur sa béquille, le bouvier s'approche. Sur sa face rougeaude, la contrariété a fait place à l'étonnement.

– Sacrédié ! Où est-ce que tu as appris ce tour-là ?

– Mon père est laboureur. Il a un attelage à lui...

Immédiatement, Mathieu s'en veut d'avoir été trop bavard ; par pure forfanterie. D'autant plus que le sergent a daigné venir jusqu'à eux.

– Et comment il s'appelle, ton père ?

– Siméon, messire. Siméon Paturaux, improvise Mathieu, déjà prêt à bondir vers l'abri des arbres.

– Je ne connais personne de ce nom sur les terres du baron des Coudrets. Tu te serais ensauvé du pays d'Auvergne que ça ne m'étonnerait pas. Personnellement, je m'en moque ; je ne suis pas chargé de te courir après. Une chose est sûre, en tout cas, c'est que tu crèves de faim.

Se tournant vers les charretiers qui ont entrepris d'accumuler des branchages sur la fondrière pour éviter de s'y enfoncer de nouveau, il ordonne :

– Eh, vous autres ! Donnez à manger à ce bougre ! Sans lui, on passait la nuit ici.

Trois tranches de pain de châtaigne agrémentées d'un morceau de lard et d'une bolée de cidre ont redonné à Mathieu confiance dans la vie. D'autant plus que les paysans et le soldat n'ont pas fait d'objection à ce qu'il fasse route avec eux. Le bouvier se montre maintenant affable et bavard. Ainsi, Mathieu apprend que le chariot transporte vingt sacs de seigle et autant de pois secs. C'est ce que les serfs de plusieurs villages doivent chaque année aux moines de l'abbaye de Saint-Sauveur, au titre de la dîme, l'impôt dû au clergé. Cette abbaye est encore distante de cinq ou six lieues, au nord de la forêt dans laquelle on chemine.

– Si ce que pense le sergent est vrai, continue le paysan, tu n'as pas trop de souci à te faire. Le baron des Coudrets traite bien ses serfs, et tu ne seras pas le premier à trouver refuge sur son fief. Il a ouvert un grand nombre d'alleux, des terres libres, où on devient propriétaire de ce qu'on peut défricher. À condition de ne pas crever de faim avant la première récolte, et surtout de se faire soldat deux mois par an, s'il le juge bon.

– Je ne connais rien au métier des armes.

– Ce n'est pas nécessaire. Dans le cas où on attaque un château, il suffit de courir avec des fagots pour combler les douves et avec des échelles à poser contre la muraille. Si on n'attrape pas une flèche dans le corps ou un chaudron d'huile bouillante sur la tête, après, on n'a plus qu'à regarder les vrais soldats faire leur métier.

Mathieu n'a pas l'occasion de s'interroger sur un tel avenir. Une clameur sauvage jaillit du sous-bois, de part et d'autre du chemin, et une vingtaine d'individus hirsutes et en guenilles surgissent à découvert. Le garçon a juste le temps de voir le sergent s'effondrer, le crâne fendu d'un coup de hache, et les trois rustres s'agenouiller, la tête dans leurs bras. Un géant, dont l'œil gauche est caché d'un bandeau, se dresse devant lui, brandissant un énorme gourdin. Mathieu lève son bâton. Un bruit terrible dans les oreilles, l'impression que son corps s'enfonce en terre comme un pieu, et plus rien.

Des sons, des bruits de voix lui parviennent peu à peu ; d'abord lointains, à peine audibles, puis de plus en plus bruyants mais toujours incompréhensibles. Il fait un effort pour ouvrir les yeux. Entre les branches d'un arbre, un ciel gris luit faiblement.

– Eh, les gars, il se réveille.

Mathieu a un mouvement de recul. La face du borgne est à quelques pouces de son propre visage.

– Ben, mon bonhomme, tu as le crâne solide. D'habitude, quand je cogne…

– Où est-ce que je suis ?

– Sur terre, mon bonhomme, sur terre. Le paradis, ce n'est pas encore pour cette fois.

– Le charretier, les paysans…

– Oh, ceux-là… Un coup de pied au cul, et ils courent encore.

– Et le soldat ?

– Ah, lui, il n'y a pas plus mort. Que veux-tu, un soldat, c'est fait pour ça. Par contre, le seigle et les pois sont bien à nous. On n'a fait que reprendre ce qu'ils venaient d'arracher à des malheureux. C'est justice.

Mathieu se redresse et s'adosse contre le tronc de l'arbre.

– Et vous, qui êtes-vous ?

– Nous ? Je crois que tout le monde nous appelle des larrons. Oui, c'est ça, des larrons. On pille, on vole et on assassine. Il faut bien vivre.

– Et moi, dans tout ça ?

– Oh, toi, tu nous as vus d'un peu trop près. Tu as plutôt l'air d'un bon garçon, mais dans notre métier, on ne peut guère faire confiance aux gens, tu comprends. Alors, tu jures fidélité à notre chef et tu te fais brigand comme nous, sinon, on est obligés de te pendre, tout bonnement.

CHAPITRE IV

La tête encore bourdonnante, Mathieu regarde autour de lui. Dans une étroite clairière traversée par un ruisseau, il distingue des cabanes de branchages, un foyer auprès duquel s'affairent plusieurs femmes, un enclos où somnolent quelques cochons. À proximité, les membres avant entravés, les deux bœufs de l'attelage fourragent dans un ballot de foin. Des poules et des chiens errent un peu partout. Cela ressemble beaucoup à un village, mais rien ici ne semble prévu pour durer. On peut à la moindre alerte tout abandonner et s'enfuir sous le couvert de la forêt environnante.

Rassemblés en demi-cercle devant leur captif, une vingtaine d'individus l'observent. Ils sont plus faméliques, plus sales que les plus miséreux des serfs. Cependant, ils ont dans leur maintien, dans leurs yeux quelque chose de farouche que les rustres des hameaux ne possèdent pas : une sorte de fierté. Ils ne manifestent aucune hostilité, seulement de la curiosité et un peu d'impatience.

Les brigands, détrousseurs, bandits, promis au diable, on en parlait au village, mais un peu comme de l'ogre et du loup-garou. Personne, jusqu'alors, ne les avait jamais rencontrés. Il faut dire que les serfs n'ont pas coutume de courir les grands chemins, loin de leurs champs, et qu'ils représentent une proie sans intérêt pour ces rapaces. Et voilà que lui, Mathieu Boveret, qui n'aurait jamais imaginé offenser Dieu, allait devenir l'un d'entre eux ! Était-ce sa punition pour s'être révolté contre son seigneur, pour avoir abandonné sa famille et causé la mort de Tortegoule ?

– Bon ! On a mieux à faire qu'à te regarder rêvasser. Tu te décides ?

Le personnage qui est campé devant Mathieu est différent des autres. Il porte des bottes et un pourpoint de cuir. L'épée et la dague fixées à sa ceinture, plus que des armes, sont les signes reconnus d'une haute condition. Il est nu-tête et son visage, rasé de près, ne laisse rien ignorer de la profonde cicatrice en croix qui laboure sa joue gauche. Devant lui, on est tenté de retirer son bonnet comme devant tous ceux à qui Dieu a accordé la noblesse.

– Alors ?

– Je… Est-ce que je serai obligé de tuer des gens ?

L'homme éclate de rire, imité par ceux qui l'entourent.

– Vois-tu, c'est un peu notre gagne-pain. Mais pour ça, il faut un minimum de savoir-faire. Ce qui ne semble pas être ton cas. Encore qu'on ne puisse jurer de rien. Pour commencer, tu seras chargé de prendre soin des bœufs. Tu en répondras sur ta tête. Ils pourront nous être utiles, jusqu'à ce qu'on soit obligé de les manger.

– Dans ce cas, je vous jure fidélité.

– À la bonne heure ! Lève-toi, retrousse ta manche gauche et tends-moi ton bras.

Mathieu s'exécute. L'autre tire sa dague de son fourreau et, d'un geste précis, trace deux profonds sillons en croix sur le bras du garçon.

– À partir de maintenant, tu es un homme libre. Tu n'as plus de seigneur ni de maître. Tu peux aller où bon te semble. Mais je t'avertis : si tu es pris avec cette marque, c'est pour toi au mieux le gibet, et s'ils veulent s'amuser, la roue ou l'estrapade. Si tu nous trahis, ce sera pire encore. Allez, vous autres ! Le spectacle est terminé.

Plus rapidement qu'il ne l'escomptait, Mathieu s'est accoutumé à sa nouvelle existence. La vie est rude dans la clairière, mais à peine plus que sur la tenure. Le beau temps approche et la hutte qu'il s'est construite suffit à l'abriter des ondées et des coups de vent. La forêt regorge de gibier ; pour la première fois de sa vie, le garçon a goûté à la venaison. Le fumet d'un gigot de chevreuil qui grille sur la braise est celui de la liberté.

Les membres de la bande s'en vont régulièrement en expédition. Ils reviennent le plus souvent bredouilles, mais lorsqu'ils ont réussi une quelconque rapine, la clairière est en fête. Ces proscrits, ces hors-la-loi sont sans espérance, tout autant que les serfs ; ils ont peur, sans doute. Peur de la corde qu'un jour ou l'autre on leur passera au cou. Pourtant, la résignation est absente de leur regard. Bien qu'ils soient très différents les uns des autres, ils sont unis dans une fraternité brutale. Il y a là des assassins, des voleurs avérés ; mais la plus grande partie est constituée de pauvres bougres accablés d'une misère et d'une désespérance telles qu'aucun autre choix ne leur était laissé. Le petit nombre de femmes et d'enfants qui partagent leur vie tempère l'aspect barbare du campement.

Mathieu sait que sa vie est liée, une fois encore, à une paire de bœufs. Il les a baptisés Rubin et Rouvert, comme ceux de son père. La forêt est pauvre en fourrage, et les journées se passent à rechercher, faucher et transporter l'herbe qu'il trouve dans les vallons et les clairières. Il n'éprouve pas de réel regret de son foyer ; en revanche, il souffre constamment d'ignorer ce qu'il est advenu des siens, par sa faute.

Comme si son coup de gourdin lui en faisait obligation, le Borgne, c'est le seul nom qu'on lui connaisse, a pris sa victime sous sa protection et personne n'y trouve à redire. Son autorité sur les autres est manifeste et il semble avoir la confiance de Thibault, leur chef.

– Comment cela t'est-il arrivé ? lui demande un jour Mathieu, en pointant le doigt sur le bandeau qui barre le visage de son compagnon.

– Tu es bien curieux, mon jouvenceau. Bah ! après tout, il n'y a pas de mystère. Je n'étais pas beaucoup plus âgé que toi à l'époque. J'étais bûcheron en forêt du haut pays Morvan. Je vivais seul comme un ours, et peut-être bien que je n'avais pas toute ma tête à moi. Bref, un matin, un cavalier, un noble homme sans aucun doute, suivi d'une sorte d'écuyer, est passé sur mon champ d'abattis. « À boire ! » qu'il a dit. Et comme je n'obéissais pas assez vite à son gré, il a levé son fouet sur moi. Alors, je ne sais plus. Sauf que j'avais ma cognée à la main et que le feu m'a pris au corps. Quand j'ai retrouvé mes sens, ils étaient tous les deux raides morts dans la bruyère, et moi, je n'avais plus qu'un trou à la place de l'œil.

– Et après ?

– Après ? Il n'y a pas bien loin d'un bûcheron à un larron. Je me suis retrouvé ici. Depuis, ça va beaucoup mieux dans ma tête.

Mathieu examine son camarade. Celui-ci a retiré ses brodequins et retroussé ses chausses. Les pieds dans l'eau fraîche du ruisseau, il est l'image même de la sérénité.

– Moi aussi, j'ai tué un homme, déclare brusquement Mathieu.

– Toi ? Allez, ne me conte pas d'histoires !

– C'est vrai, je te le jure.

Et, aussi simplement, aussi brièvement que l'a fait l'autre, Mathieu raconte la mort de Tortegoule.

– Ben voilà, conclut le Borgne. C'est comme ça. Il arrive un moment où quelque chose se casse dans la misère de tous les jours. C'est dommage que pour en arriver là on soit obligé de devenir un assassin.

– Tu veux dire que tous nos compagnons sont comme nous ?

– Quasiment. Anciens bûcherons, serfs, manouvriers, charbonniers : des gueux, quoi.

– Et le chef ?

– Décidément, tu es de nature à poser des questions, toi.

– J'aime bien savoir.

– Ouais ! En fait, ce n'est un secret pour personne, mais il vaut mieux faire semblant de ne pas être au courant.

– Je suis curieux, mais pas bavard.

– Alors, voilà ce qu'on dit. Thibault est noble homme. Il est le frère cadet d'un seigneur de Bourgogne. Quant à savoir lequel… Mais ça n'a pas d'importance. Il serait tombé amoureux fou de la femme de son aîné, et elle aussi était folle de lui. Il faut dire qu'il serait plutôt beau garçon sans sa balafre. Le mari les a surpris. Il aurait pu faire décapiter le gredin sur l'heure. Il s'est contenté de le bannir après lui avoir fait cette marque sur le visage. On a tous la même sur le bras. La marque des gibiers de potence. C'est ça le prix de notre liberté.

La liberté ! Mathieu voudrait bien faire comprendre au Borgne qu'il n'est pas certain d'être plus libre qu'avant. Il n'en a pas le temps : une escouade de larrons, partie en chasse au matin, vient de regagner le campement. Ils poussent devant eux leurs prisonniers. Trois clercs tonsurés, pieds nus et la bure maculée de boue.

– Eh bien ! grommelle le Borgne. Si c'est tout ce qu'ils ont trouvé… Des moines prêcheurs. Les plus pauvres de tous. Mais regarde-les. Ils sont maigres à faire peur !

CHAPITRE V

Les trois clercs, c'est certain, ne présentent aucun intérêt. Pas un écu en poche, et rien que la peau sur les os. Si bien qu'au moment de dîner, ils ont manifesté un appétit inquiétant. À croire qu'ils jeûnaient depuis des jours.

Après s'être moqués de ceux qu'ils avaient capturés, les larrons se sont mis à jaser sur le sort qu'on allait réserver à ces importuns. Certains conseillaient de les chasser dans les bois à coups de trique. Les plus mécréants inclinaient à les pendre. Toutefois, la majorité pensait que, tout compte fait, ils étaient des hommes de Dieu et qu'on avait déjà bien assez à se faire pardonner.

Les hésitations cessent dès que l'un des moines, après une dernière écuelle de soupe, se lève et déclare :

– Mes frères ! Vous n'êtes que des bandits, promis à la potence et à l'enfer ! Cependant, Dieu, votre créateur, dans sa grande clémence, a décidé de sauver vos âmes, et provisoirement vos corps.

Le Borgne pousse Mathieu du coude et lui souffle à l'oreille :

– Laisse-le dire. Ce sont des balivernes. Je n'ai aucune confiance en ceux qui disent savoir ce que Dieu veut ou ne veut pas.

Il est contraint de se taire, car le frère prêcheur, en dépit de sa faible constitution, a la voix puissante, habitué qu'il doit être à haranguer les foules.

– Écoutez-moi ! Là-bas, en Palestine, à Jérusalem, le tombeau de Notre Seigneur Jésus-Christ, le Saint-Sépulcre, est aux mains des infidèles : Sarrasins, Turcs et autres mahométans. Notre pape, Sa Sainteté Urbain le deuxième, a jugé que cela n'était plus tolérable.

S'il s'attendait à une réaction, le moine doit être déçu, tant il est vrai que pas un des ruffians ne se soucie que le Saint-Sépulcre soit ou non en possession des mahométans. Il poursuit malgré tout :

– Nos pèlerins entreprennent le long et périlleux voyage jusqu'à Jérusalem pour le pardon de leurs fautes. Ces bons chrétiens rencontrent de plus en plus de difficultés pour pénétrer dans la Ville sainte. Les maîtres de la Palestine, les sultans turcs, leur font payer un tribut exorbitant.

Là encore, personne ne s'estime concerné par les intérêts des pèlerins. Ceux d'entre eux qui, d'aventure, se hasardent dans les environs sont considérés comme des proies au même titre que les autres voyageurs. Le clerc devait s'y attendre : il est loin d'être à court d'arguments.

– De nombreux et grands seigneurs ont juré de se mettre en marche, sous le signe de la croix, pour libérer nos lieux saints. Mais ils tardent trop à organiser leur armée. C'est pourquoi, après avoir entendu la parole de notre pape dans son concile à Clermont, de pieux hommes, Pierre l'Ermite et Gautier Sans Avoir, prêchent la croisade par tous les pays. Ils nous ont confié cette tâche en ces régions.

– Et alors ! s'insurge le Borgne. En quoi cela regarde-t-il de pauvres bougres comme nous ? Nous ne sommes pas hommes d'Église, ni hommes de guerre, ni grands seigneurs.

– Tu parles sans savoir, mon fils ! La croisade que nous prêchons est celle des pauvres, des humbles, des besogneux. De ceux qui ne possèdent sur terre que leur âme et leurs bras. Leur foule immense va se mettre en marche vers l'orient. Ce n'est pas d'une expédition guerrière qu'il s'agit, mais d'un gigantesque pèlerinage. En brandissant la croix du Christ pour seule arme, nous tracerons la voie à ceux qui portent l'épée. Une épée qu'ils n'auront pas à tirer du fourreau, car les Turcs, subjugués par notre nombre, par l'intensité de notre foi, nous libéreront le passage jusqu'à Jérusalem. Tout vrai chrétien doit répondre à l'appel de Dieu, surtout si, comme vous autres, il a beaucoup fauté !

Quelques plaisanteries et des ricanements parcourent l'assemblée. Ils s'éteignent dès que Thibault, le chef, prend la parole :

– Votre prêche est excellent, mon père, mais gardez-le pour d'autres. Vous savez fort bien que nous sommes des proscrits. Nous n'aurons pas mis un pied hors de ces bois que les vrais chrétiens dont vous parlez nous livreront au bourreau.

Le clerc lève les bras au ciel et s'exclame :

– Il n'en sera pas ainsi, par la grâce de l'indulgence divine. Sachez donc, mécréants, que tout homme ou femme qui prendra la croix et partira pour la Terre sainte sera absous de toutes ses fautes, passées et à venir, par notre mère l'Église.

– À la bonne heure ! intervient de nouveau le Borgne. Nous irons droit au paradis ; mais nous serons pendus quand même.

– Eh non, justement ! Tout homme qui portera, cousue sur son vêtement, la croix des pèlerins, sera sauvegardé de la justice humaine. Nul ne pourra lui porter ombrage, sous peine d'excommunication.

Face à une telle affirmation, personne ne sait que répliquer, et le moine en profite pour terminer son discours :

– Mes frères, ne tardez pas ! La croisade est déjà formée. Une multitude venue de France, de Flandre aussi bien que de Germanie se rassemble devant la ville de Cologne, sur le Rhin. Ils sont des centaines et des centaines de milliers. Partez, vous aussi. Quittez cette forêt où vous vivez, et mourrez comme des bêtes. Sauvez vos âmes ! Quant à mes compagnons et moi, laissez-nous aller. Nous avons encore beaucoup à accomplir.

Les brigands, contrairement à la loi qu'ils avaient instituée, ont laissé repartir leurs victimes. Chose plus incroyable encore, ils leur ont fait l'aumône de quelques victuailles. Le prêche n'avait pas été sans effet.

Ce soir-là, tous s'attardent à discuter autour du feu, dans une veillée qui se prolonge. Mathieu observe ses compagnons. C'est sans doute la première fois qu'ils sont amenés à faire un choix dans leur vie. Pour des êtres plus habitués à se servir de leurs poings que de leur langue, cela représente une véritable épreuve. Étonné, Mathieu se tait, mais il écoute.

Première évidence : tout le monde ici se moque éperdument du Saint-Sépulcre et des Turcs. Mathieu lui-même, qui connaît ses prières et qui jamais n'aurait manqué la messe du dimanche au village, n'a pas entendu parler de la Palestine ni des mahométans.

Deuxième évidence : deux clans sont en train de se former. Dans le premier, le plus fourni, les incrédules, les méfiants, les timorés et surtout les ignorants. Pour eux, tout ce qui est nouveau, inhabituel, ne peut être que pire. Ils préfèrent leur présent de misère à un avenir qu'ils sont incapables d'imaginer.

Le second parti, celui de ceux qui sont déterminés à tenter l'aventure, s'y lance pour deux raisons bien différentes. Les uns, endurcis depuis longtemps dans le brigandage et que le Borgne entraîne avec lui, ne peuvent cacher qu'ils sont alléchés par l'occasion d'une impunité qui, au milieu de la foule des pèlerins, leur permettrait tous les mauvais coups. Les autres, larrons malgré eux, et Mathieu se sent des leurs, entrevoient l'espoir d'échapper à un destin que la seule fatalité a décidé pour eux.

La discussion s'enlise dans un brouhaha sans issue. Jusqu'à ce que Thibault, silencieux jusqu'alors, se lève.

– Écoutez-moi. Demain, je prends la croix. Que ceux qui veulent demeurer ici y demeurent. Et qu'ils y crèvent. Ceux qui me suivront ne sont pas pour autant déliés de leur serment envers moi. Je suis leur chef et je tue de mes propres mains celui qui me fera défaut. La route est longue d'ici à Jérusalem. Nous y trouverons peut-être notre paradis sur terre, bien avant celui du ciel.

– Eh bien voilà, dit le Borgne à l'attention de Mathieu, messire Thibault sera un des premiers seigneurs à partir pour la croisade. Et il a son armée.

CHAPITRE VI

Une armée ! La quarantaine d'individus qui, dans les premiers jours d'avril 1096, se présente sous les murs de la ville de Dijon n'en a guère l'apparence. Leur chef, qui a repris solennellement devant ses hommes son noble nom de Thibault de Cercy, marche en tête, piéton comme les autres, n'ayant pu encore se procurer de monture. Son manteau cache son épée et un capuchon masque la cicatrice de sa joue.

Les malandrins qui le suivent dissimulent de leur mieux leurs armes sous leurs loques. Ils tiennent hors de vue la marque de leur bras gauche. Tout compte fait, malgré leurs mines patibulaires, ils n'apparaissent que pour ce qu'ils sont : des miséreux en marche vers leur chimère.

En queue de colonne, environné par les femmes et les enfants, Mathieu conduit son attelage, ce qui ajoute encore à l'allure pacifique de la troupe. Un vieux moine, maigre et boiteux, qu'on a trouvé en chemin, a été installé à l'arrière du chariot. Sa bure, sa tonsure et sa barbe blanche garantissent à tous la qualité de bons chrétiens. Taillées dans des morceaux de tissu disparates, et cousues à la hâte, de larges croix ornent les bliauds, les pourpoints et les cottes.

Peu confiante dans les assurances des frères prêcheurs, pendant les cinq premiers jours, la troupe s'est tenue à l'écart des villes et des bourgs. On a marché vite, dans la crainte constante de voir surgir les gens d'armes du baron des Coudrets.

La peur s'est dissipée malgré tout. En effet, lorsqu'ils traversaient des hameaux ou des tenures isolées, les larrons n'en revenaient pas de voir les paysans se signer sur leur passage et leur offrir un peu de nourriture en répétant : « priez pour nous, priez pour nous, quand vous serez devant le tombeau du Christ ». Même les hommes les plus endurcis ne parvenaient pas à s'en moquer.

Toutefois, les réserves sont épuisées et les brigands sont maintenant assez loin des lieux de leurs maraudes pour ne plus être poursuivis. Thibault a donc décidé d'entrer dans Dijon. D'autant plus que le vieux moine ne cesse de répéter que les bourgeois des villes sont généreux envers les pèlerins. Ils espèrent ainsi partager les bienfaits de la croisade sans avoir à y participer.

Le sergent du guet, qui, avec quelques soldats, monte la garde à la grand-porte de la ville, lève les bras au ciel.

– Sainte Vierge ! Qu'est-ce que c'est encore que ce troupeau ! Quelle mouche vous a tous piqués ? La ville est déjà pleine comme un œuf. Et ça fait dix jours que dure ce remue-ménage. Il en arrive autant le soir qu'il en est parti le matin. Allez sur la place de la halle aux grains. Vous pourrez y dormir s'il reste encore un pouce de terrain libre. Je vous préviens, ne comptez plus trop sur la charité des gens de Dijon. Elle commence à s'épuiser, la charité. Priez quand même pour moi, si vous arrivez un jour en Terre sainte.

Le garde avait raison. Sur la place, comme dans les rues, c'est la cohue. Par bonheur, une nuée d'orage a rafraîchi l'air et le ciel est maintenant dégagé sur un magnifique couchant. Dans une étrange fraternité, les gens se bousculent, se saluent, s'interpellent en riant. Partout, on discute dans une sorte de fièvre. Un nom revient constamment dans toutes les bouches : « Jérusalem, Jérusalem… »

Les truands sont désorientés, presque apeurés. Eux qui, pour beaucoup, vivent depuis des années dans les bois comme des sangliers, n'en sortant que pour piller, se trouvent d'un coup mêlés à leurs frères humains : des femmes, des enfants, confiants et sans défense. La tentation est là, aussi grande que la surprise. Voler tout ce qui peut aider à survivre, dérober ce qui brille, couper des bourses sont les seuls savoir-faire de la plupart d'entre eux, et ils ont là, autour d'eux, volaille prête à être plumée. Oui, la tentation est grande. Mais Thibault de Cercy a été très clair au moment du départ.

– Tant que nous ne serons pas chez les païens, a-t-il dit, et c'est moi qui déciderai si le moment est venu, comportez-vous en honnêtes gens, en bons chrétiens, en vrais croisés. Le premier que je prends à mal agir, je lui coupe moi-même le nez et les oreilles, comme il se doit en bonne justice.

La crainte est mère de la sagesse, et les loups devenus moutons bêlent comme tout un chacun dans les rues de Dijon, en quêtant leur subsistance : « Jérusalem, Jérusalem. »

Mathieu, quant à lui, est pris d'inquiétude. Ses bœufs ont soif. Il se sent responsable de ces bêtes, comme il l'était de celles de son père. Il avise un passant dont l'habit montre qu'il doit être de quelque importance et qui se fraie un chemin dans la foule. D'un geste machinal, il retire son bonnet.

– Messire, messire, où est-ce que je peux faire boire mes bœufs ?

– Hein ? Quoi ? Tes bœufs ! Ils partent aussi pour la croisade, tes bœufs ? Miséricorde, quelle époque ! Il y a tout juste assez d'eau pour les humains dans cette ville. Va les abreuver à l'Ouche, la rivière. Elle passe à cinq minutes du rempart ouest. Ne traîne pas, les portes de la ville ferment dès le coucher du soleil, dans une heure à peine.

Poussant les bêtes devant lui, le garçon retrouve assez facilement la porte et le chemin qui conduit à la rivière. Sur la grève boueuse à force d'être piétinée, un troupeau hétéroclite se bouscule pour atteindre l'eau. Des bœufs et des vaches, quelques chevaux, des ânes qui mordent et qui ruent à qui mieux mieux ; une multitude de chèvres et de moutons, des chiens errants... Le brouhaha ressemble à celui de la ville, mais dans une autre langue. Les odeurs n'y sont pas plus désagréables.

Mathieu se cherche un passage. Rouvert et Rubin boivent à grands traits. « Eh bien voilà, se dit-il, même les animaux s'en vont en pèlerinage, et pourtant ils n'ont pas de péchés à se faire pardonner. » À cette idée, il éclate de rire.

– Qu'est-ce que tu trouves si drôle ?

À côté de lui, une jeune fille le regarde d'un air perplexe. Elle a de longs cheveux châtains tendant vers le roux, qui lui coulent dans le dos. Ses yeux verts sont si clairs que c'est presque un vertige de croiser son regard. Elle a retroussé sa jupe jusqu'à ses genoux pour ne pas la mouiller. Sur sa poitrine, la croix des pèlerins a des contours qui attirent l'œil du garçon.

Au village, Mathieu ne laissait pas les filles indifférentes, il en avait bien conscience. L'une d'elles, Marie-Ange, qui malgré son prénom avait fort mauvaise réputation, lui avait révélé les rudiments des jeux de l'amour. Il s'en voulait encore de ne pas avoir pris le temps de lui dire adieu avant de s'enfuir.

Les yeux verts continuent à l'examiner attentivement.

– Qu'est-ce qui te faisait rire ?

– Rien. Enfin, des bêtises. Je me demandais si toutes ces bêtes iraient au paradis après avoir vu Jérusalem.

– Quelle question ! s'insurge-t-elle. Bien sûr qu'elles iront au paradis. Elles sont bien plus innocentes que nous. Regarde-les.

À ses pieds, deux chevreaux jouent dans l'eau en

s'éclaboussant. Mathieu jette un coup d'œil à ses bœufs, qui, corne à corne, le mufle encore ruisselant de gouttes, regardent le soleil couchant. Un instant, il est tenté de croire ce qu'elle vient de dire, puis il se ressaisit pour montrer qu'il sait raison garder.

– Tu comptes emmener ces bestioles jusqu'en Terre sainte ? demande-t-il.

– Évidemment.

– Pourquoi ? À elles deux, elles ne feraient même pas un ragoût suffisant.

– Il n'est pas question de les manger. Est-ce que tu accepterais qu'on tue tes bœufs ?

– C'est différent. Ils sont utiles, eux. Ils tirent le chariot, et sans le chariot…

Ces arguments n'intéressent manifestement pas la jeune fille. Elle reprend, comme pour elle-même :

– Quand nous avons quitté notre tenure, en Touraine, mes parents et moi nous avons tout laissé ; et les vilains de la paroisse nous ont suivis. Mais les chevreaux, je ne pouvais pas les abandonner. Ils commencent juste à vivre, tu comprends ? S'il le faut, quand ils seront trop fatigués, je les porterai. Dans la chapelle de mon village, il y a une statue du Christ, avec un agneau sur les épaules.

– Pourquoi allez-vous là-bas ?

Elle écarquille les yeux tant la question lui paraît absurde.

– Si personne ne va plus prier sur le tombeau du Christ, Dieu nous abandonnera, et ce sera la fin du monde. Et toi, pourquoi as-tu pris la croix ?

– Oh ! Moi…

Une longue sonnerie de corne annonce la fermeture des portes de la ville. Dans une mêlée invraisemblable, hommes et bêtes refluent vers l'abri des murs. Avant qu'il ne perde la jeune fille de vue dans la foule, Mathieu a le temps de crier :

– Attends ! Comment t'appelles-tu ?

– Je te le dirai à Jérusalem.

CHAPITRE VII

Depuis des jours, et pour certains depuis plus d'un mois, les croisés piétinent sur les prairies qui bordent la Saône. Dans le désordre le plus complet, ils se répandent sur plus d'une lieue. Ils sont deux bons milliers et chacun peine à trouver sa place et sa subsistance. L'impatience gagne, et malgré tout, on attend. On attend la bénédiction ultime du cardinal mandé par le pape, bénédiction sans laquelle les plus téméraires n'osent pas se lancer dans l'aventure.

Une forme d'organisation se dessine. Des moines prêcheurs parcourent la foule à tout moment, répétant sans cesse les mêmes encouragements, les mêmes promesses, les mêmes menaces à ceux qui seraient tentés de renoncer. La ferveur de ces bergers entretient celle du troupeau.

– Ayez confiance, bonnes gens ! Cette attente est votre première épreuve. Si vous la surmontez, plus aucune autre ne vous arrêtera !

Et le plus faible reprend courage, surtout si dans ces clercs, il a cru reconnaître les hautes et imposantes silhouettes de Pierre l'Ermite et de Gautier Sans Avoir, ces deux saints hommes que Dieu a directement inspirés de sa parole. Le bruit court déjà qu'ils ont pouvoir de faire des miracles et que l'Ermite aurait en sa possession un manuscrit divin transmis par l'archange Gabriel.

Circule aussi parmi la foule un petit nombre de chevaliers entourés de quelques hommes d'armes. Ils sont visiblement de condition modeste, et sans doute plus aventuriers que pieux chrétiens. Cependant leurs montures, leurs cottes de mailles et leurs armes rassurent ceux qui, malgré leur foi, se sentent vulnérables. Les groupes qui se sont constitués au fil des jours chez les manants tentent de se concilier les bonnes grâces de l'un de ces protecteurs, qu'il soit guerrier ou religieux, tant ces rustres sont accoutumés à se soumettre à une autorité.

La bande de larrons de Thibault de Cercy ne ressent pas ce besoin. Ils ont leur chef. Ils se sont approprié l'abri d'un bosquet au bord de l'eau, dans lequel ils ont reconstitué une ébauche de campement. Ils s'y retrouvent chaque soir après avoir passé la journée à marauder dans la foule des pèlerins. Ils ont bien sûr juré, le Borgne le premier, qu'ils ne commettraient pas le moindre larcin. Il est toutefois évident que les quelques volailles ou morceaux de porc qui enrichissent parfois la soupe d'herbes n'ont pas tous été acquis de manière honnête.

– Il faut bien nourrir notre moine, soupire le Borgne.

Le vieux bénédictin recueilli sur le grand chemin est en effet demeuré avec eux, et si Thibault a décidé de s'en embarrasser, ce n'est pas par charité chrétienne. Quinze ans plus tôt, alors qu'il n'était pas encore entré en religion, le bonhomme a déjà fait le voyage en Terre sainte, aller et retour. Il ne dit pas pour quelle raison, ni pourquoi il tente à son âge de renouveler cet exploit. Il s'avère aussi qu'il sait lire et écrire le latin et qu'il porte le nom peu commun de Tersissius. Parmi les milliers d'individus qui sont là, ignorant tout de leur destin, il est un des rares à se représenter les itinéraires, les pays parcourus, et avoir conscience des distances et du temps qu'il faudra pour les franchir.

Il a pris Mathieu en amitié et l'appelle « mon petit bouvier ». Le garçon l'écoute pendant des heures lui parler du royaume de Hongrie, du Danube, de la merveilleuse cité de Constantinople, du désert d'Anatolie… Il sent s'éveiller en lui une faim de savoir, plus dévorante encore que celle du corps, car il devine que rien ne peut l'apaiser.

Les larrons ont pris l'habitude de les voir ensemble et s'amusent à les appeler : « le moine et son moinillon ». Ce qui provoque la colère du Borgne :

– Mordieu ! grogne-t-il. Si tu continues à fréquenter ce cul béni, tu finiras en robe et les cheveux tondus. Tu ferais mieux d'apprendre à manier un épieu ou de courir derrière les pucelles qui fourmillent par ici.

Mathieu sourit. Voilà huit jours que, comme un chien errant, il parcourt la cohue en tous sens, le cœur battant chaque fois qu'il aperçoit une chevelure aux reflets de braise ou un malheureux cabri s'enfuyant devant lui. Comment se faisait-il qu'il y eût sur terre autant de filles et de chevreaux mais une seule, une unique paire d'yeux vert pâle ?

Ce matin, résigné à ne plus la revoir, il s'est assis sur une souche au bord de la Saône, jetant sans y penser des brindilles qu'il regarde s'en aller au fil du courant.

– Ce serait plus simple de te jeter toi-même à l'eau !

Sa voix est comme ses yeux : unique, inimitable. Il ne prend pas la peine de se retourner.

– Tu savais que j'étais là ?

– Bien sûr. Depuis le temps que je te vois baguenauder à tort et à travers.

– Je te cherchais.

– Et c'est moi qui t'ai trouvé.

Elle s'assied à son côté. Lui, il garde son regard fixé sur l'eau de la rivière, n'osant pas affronter celle de ses yeux, et incapable de s'expliquer pourquoi il est soudain si intimidé.

– Pourquoi vas-tu à la croisade, Mathieu ?

– Tu connais mon nom ?

– Ça n'a pas été bien difficile. Ton vieux moine est bavard comme une pie.

– Dis-moi le tien.

– Non. Plus tard…

– Il faut bien que je te donne un nom. Je peux t'appeler Madeleine ?

– Si tu veux. Pourquoi vas-tu à la croisade ?

– Tu l'as dit toi-même. Si nous ne sauvons pas le tombeau du Christ, Dieu nous abandonnera et…

– Tais-toi ! Tu n'en crois pas un mot et tu ne sais pas mentir. J'ai bien observé les gens avec qui tu es : ce ne sont pas de bons chrétiens, et pas de vrais croisés. Mais toi, tu ne leur ressembles pas.

Alors, Mathieu raconte : sa fuite, ses parents et sa sœur abandonnés, Tortegoule, les brigands… Chaque mot qu'il prononce allège le fardeau qu'il porte sur le cœur. Pour finir, de sous sa chemise, il retire la petite croix de buis de Mathilde et la met dans la main de Madeleine. Cette fois, il ose la regarder en face. Dans les yeux verts, il n'y a ni mépris ni réprobation, pas de tendresse non plus, mais de l'intérêt à coup sûr.

– J'ai trop peur de la perdre ou qu'on me la prenne. Et je ne suis pas certain de la mériter.

– Je la garderai sur moi. Et je te la rendrai là-bas, à Jérusalem.

Un léger baiser sur sa joue, le bruit d'un oiseau qui s'envole ; elle n'est plus là. Il reste encore un long moment sans bouger. La question qu'il aurait aimé poser demeure sans réponse : quelle est donc cette force, cette certitude qui la pousse, elle, aussi bien que ses parents et leurs semblables, à tout quitter pour s'aventurer dans l'inconnu ? Une force qu'il ne ressent pas. Madeleine et les siens vont vers quelque chose ; lui ne sait que fuir.

Le lendemain matin, alors que chacun s'attend à subir

une nouvelle journée d'attente, une rumeur venue de l'amont se répand dans la foule : « Le cardinal est là ! Le cardinal est là ! Il va nous bénir. Nous allons partir ! »

En effet, sur le chemin qui traverse les prairies, s'avance un long et somptueux cortège. En tête, un prélat vêtu et coiffé de pourpre est assis sur une sorte de trône, soutenu par des brancards que portent deux mules marchant l'amble. Il est précédé et encadré de soldats casqués et armés de piques, chargés de le protéger de la dévotion trop empressée de certains pèlerins. Une nombreuse suite d'hommes d'Église presse le pas derrière lui pour ne pas se laisser distancer par l'attelage.

De sa main gantée de rouge, le cardinal distribue des bénédictions de droite et de gauche sur son passage. Les gueux s'agenouillent et se signent, avant de se relever pour ne pas trop tôt le perdre de vue. Cela creuse dans la foule une longue houle semblable à celle provoquée dans les blés mûrs par un coup de vent.

Les truands, comme les autres, mettent genou en terre, et certains esquissent un signe de croix. Mathieu s'exclame :

– Est-ce qu'ils vont aller jusqu'à Jérusalem dans cet équipage ?

À côté de lui, le Borgne éclate de rire.

– Mais il ne va pas à Jérusalem, simplet ! Ce soir, il festoiera dans un château ou une abbaye et dormira dans un bon lit. Puis, à petites étapes, il repartira vers Rome, pour que le Saint-Père le bénisse à son tour. Allez ! On décampe avant que tout le troupeau ne s'affole, maintenant que le berger est parti.

CHAPITRE VIII

Les larrons ont levé le camp en quelques instants, habitués qu'ils sont à fuir à la première alerte. Mathieu n'a eu que le temps d'atteler ses bœufs et de hisser le moine sur le chariot. La cohue est telle qu'on ne peut se frayer un chemin qu'à coups de gueule, sinon à coups de poing.

À peine mise en route, et déjà elle se heurte à un premier obstacle. Il faut franchir la Saône. Les barques, les radeaux que les riverains ont négligé de mettre en sûreté sont pris d'assaut.

Surchargées, beaucoup d'embarcations chavirent avant d'atteindre la rive opposée. Combien de pauvres hères voient ainsi leur pèlerinage s'achever à peine entamé ?

Pontailler, la première bourgade atteinte, ne dispose que d'un fragile pont de bateaux pour traverser la rivière. La foule s'agglutine à son entrée, se piétinant dans une furie incontrôlable. La passerelle tangue, menaçant à tout moment de se rompre.

– Pauvres fous ! s'écrie Tersissius. À les voir, on croirait que Jérusalem est juste là, derrière ces collines. Poussez en avant, mes amis. À une dizaine de lieues en amont se trouve une petite ville : Gray, si ma mémoire est bonne. Un pont de pierre y enjambe la Saône.

Les ruffians lui font confiance. Surtout depuis que le moine a décidé, selon ses propres termes, de les « rebaptiser ». Il n'a pas tardé à découvrir la marque qu'ils portent sur le bras et à faire le rapprochement avec la cicatrice de Thibault.

– À partir de maintenant, a-t-il déclaré, vous serez les Compagnons de la Sainte Croix.

Les brigands en plaisantent encore mais prennent peu à peu l'habitude de s'interpeller sous ce nom.

Les Compagnons sont donc loin d'être en tête de la colonne qui s'étire vers le nord, cependant la marche devient plus aisée. L'affolement du départ s'est atténué ; les cris ont cessé, pour faire place à des bavardages, à des rires et même à quelques chants. Les cantiques entonnés par les prêtres sont souvent couverts par des chansons plus gaillardes.

Mathieu a, pour l'instant, renoncé à apercevoir Madeleine, qui pourrait aussi bien être en avant que très loin derrière lui. Il marche à l'allure de ses bœufs, à côté du chariot. Assis sur la ridelle, Tersissius est de bonne humeur.

– Dites-moi, mon père, le questionne Mathieu, combien faudra-t-il de pas pour atteindre la Terre sainte ?

– Dieu du ciel ! Mon pauvre petit, il est impossible de compter en pas. Voyons, tu te représentes ce que c'est qu'une lieue ?

– À peu près… Pas loin d'une heure de marche, non ? Mais évidemment, sans la sonnerie des cloches, ce n'est pas facile de savoir si on a marché plus ou moins d'une heure. Encore qu'avec le soleil…

– Je vois, soupire Tersissius. Bon, écoute bien. Selon mes calculs, il faut compter cinq cent cinquante lieues entre l'endroit où nous sommes et Constantinople, la capitale de l'empire du basileus.

– Ah !…

– Et pour couvrir ces cinq cent cinquante lieues, au train où nous allons, il faut compter presque cent vingt journées de marche.

– Cent vingt journées !

– Oui, et à Constantinople, on n'a fait que la moitié la plus facile du voyage. Après…

Mathieu se sent pris d'un étourdissement. Ces chiffres impressionnants dépassent l'imagination d'un être à qui les doigts de ses mains suffisaient jusqu'à présent à dénombrer ce qui l'entourait. Il tente cependant un effort :

– Mon père, combien d'années a duré votre premier pèlerinage ?

– Eh bien voyons… Au moins trois ans, si je ne me trompe. Mais je me suis un peu attardé en chemin.

– Alors, lorsque je reviendrai chez moi, j'aurai… j'aurai vingt et un ans !

– Il se peut.

Mathieu prend le temps de méditer sur cette révélation, puis :

– Père Tersissius, pourquoi est-ce que je suis aussi ignorant ?

– Parce qu'on ne t'a jamais rien appris. On n'a jamais rien pu ou voulu t'apprendre.

– Et je serai toujours ainsi ?

– Pas forcément. Nous avons trois ans devant nous. Je peux t'enseigner beaucoup, si tu le veux.

– Oh oui ! Je le veux.

Telle une interminable chenille, la colonne des croisés s'étire au fil des jours sur les chemins. Très vite, l'avant-garde prend une avance considérable sur les traînards de l'arrière. Dès les premières étapes, elle laisse dans son sillage un grand nombre de pauvres gens que la faiblesse ou la maladie, l'âge ou la faim obligent à renoncer. Ils vont jusqu'à ce qu'ils soient à bout de souffle, et quand leurs amis ou leurs proches les quittent, ils sont à l'article de la mort. Ceux qui survivent errent désemparés dans la campagne, ne sachant même plus retrouver un chemin de retour. Aveuglés par leur foi, leur crédulité et leur ignorance, ces malheureux se sont laissés entraîner dans une aventure au-dessus de leurs forces.

Par ailleurs, une sinistre réputation précède les croisés. Leur troupe se révèle être un fléau, un monstre qui dévore tout sur son passage, autant que les troupes de soldats qui, à chaque guerre, ont sillonné les pays. À son approche, les bourgs, les hameaux se vident de leurs habitants, qui cachent leurs vivres et leur bétail. Les châteaux relèvent les ponts-levis. Pis encore, les bourgeois de la ville de Besançon, bravant la menace d'excommunication, ferment les portes et ne procurent aucun secours aux affamés, les contraignant à aller de l'avant.

Les Compagnons de la Sainte Croix tiennent conseil. Thibault a du mal à modérer ses hommes. Certains parlent de tout abandonner, d'arracher leur croix de tissu et de reprendre leur ancienne activité dans la première forêt rencontrée. Le Borgne rêve de piller une abbaye. Ceux qui ont femme et enfants à nourrir estiment qu'il serait temps d'abattre et de dépecer l'un des bœufs. Mathieu proteste autant qu'il le peut. Le ton monte dans la bande. Tersissius, qui jusqu'à maintenant semblait perdu dans ses pensées, intervient :

– Compagnons, avez-vous observé les fourmis lorsqu'elles s'en vont en migration ?

Les truands se taisent et regardent le moine, une lueur de pitié dans les yeux : on l'aime bien, mais il a parfois tendance à divaguer. Imperturbable, il continue :

– Elles prennent toutes le même chemin, elles ruinent tout sur leur passage et les plus faibles en crèvent. C'est ce que font ceux qui nous conduisent. Ils suivent le trajet habituel des pèlerins, et je le connais bien. Mais ils oublient que nous sommes des milliers cette fois. Sommes-nous des fourmis ?

– Ben non ! répond quelqu'un.

– Alors, nous allons tracer notre propre route vers le nord. Ce sera peut-être un peu plus long, mais nous trouverons notre subsistance pourvu que nous sachions inspirer la charité et faire respecter notre croix.

– Si nous nous écartons de la croisade, cette croix ne nous sera plus d'aucun secours, s'inquiète Thibault.

– Nous la retrouverons, la croisade, soyez sans crainte. Partons dans la nuit pour éviter d'être suivis par tous ces crève-la-faim.

Mathieu n'ose pas prendre la parole, cependant, malgré le respect qu'il lui porte, il a soudain le sentiment que le père Tersissius se fait une curieuse idée de la charité. Il est bien plus tourmenté encore par la pensée qu'il trahit Madeleine en l'abandonnant ainsi dans la multitude aveugle.

CHAPITRE IX

Tersissius ne s'est pas trompé. À mesure qu'on s'éloigne des chemins sur lesquels se presse la masse des croisés, la situation s'améliore, du moins en ce qui concerne la collecte des vivres. Dans chaque tenure traversée, le moine harangue les rustres du haut du chariot :

– Bonnes gens, ne craignez rien, voyez notre croix ! Nous venons à vous pour implorer votre secours. Sur la route de la Terre sainte, nos frères pèlerins meurent de faim et de faiblesse. C'est pour eux que nous quêtons. Ce que vous donnerez, vous le donnez à Dieu. Touché par nos prières, il vous le rendra au centuple. Ouvrez vos demeures à mes compagnons qui vont recueillir vos aumônes. Soyez bénis. *Amen !*

Les paysans sont, comme partout ailleurs, à la limite de la disette. Quêter chez eux, c'est leur arracher la nourriture de la bouche ; quant à la croisade, s'ils en ont entendu parler, elle ne les concerne guère.

C'est pourquoi beaucoup se montrent réticents, sinon hostiles. Les brigands reprennent alors leur vraie nature. Ils ne vont pas jusqu'à violenter les gens, mais nombre de miches de pain et de poules, de mesures de blé ou de pois sont obtenues sous la menace. Voyant le Borgne saisir à la gorge un manant qui tarde à lui ouvrir son enclos, Mathieu intervient :

– Arrête, c'est un serf, comme toi et moi. Nous ne sommes plus des voleurs !

Le Borgne lâche l'homme en riant.

– Toi, petit, tu as le cœur pur : c'est bien. Mais tu n'as rien compris.

Au bout de quelques jours, il devient évident que l'expédition tourne au pillage et que beaucoup de larrons sont en train d'oublier qu'ils sont des croisés. Thibault de Cercy réunit sa troupe, qui a campé dans un petit bois.

– Maintenant, ça suffit ! Nous avons suffisamment de réserves. Il faut rejoindre la croisade.

– Tu es bien pressé, proteste un des Compagnons.

Qu'est-ce que tu comptes retrouver chez Mahomet, messire de Cercy ? Ton honneur ?

Mathieu voit Thibault pâlir et porter la main à son épée. Il a souvent observé combien son chef est isolé parmi sa troupe. Noble déchu, il reste un seigneur à leurs yeux avec ce que cela suppose de respect et de haine, de soumission et de révolte. En revanche, c'est la première fois que le jeune serf comprend à quel point cet homme souffre de sa déchéance. Certes, il doit à son rang et à sa naissance d'être le chef, mais il ne commande qu'à un ramassis d'êtres de sac et de corde.

– Ferme ta gueule, Simon ! hurle le Borgne. Et laisse parler Thibault.

Ce dernier a repris son calme et du même coup son autorité.

– Si nous continuons ainsi, nous risquons d'être pris pour une bande de pillards et la croix ne nous sauvegardera plus. Il faut rentrer dans le rang. La route est encore longue avant que nous ne quittions les terres chrétiennes.

– Bien parlé, messire !

Les larrons sursautent. Eux qui sont plus méfiants que des chats sauvages ont été pris en défaut. À l'orée du bosquet, arcs et arbalètes au poing, des gens d'armes les encerclent. Les deux sentinelles ont été ligotées et bâillonnées. Un homme, seul, s'avance dans la petite clairière. Il est en tenue de chasse sans cotte et sans casque. Il ne porte qu'un coutelas à la ceinture. Il s'approche de Thibault.

– Salut à vous, messire. Je suis le chevalier d'Echenoz. Je ne sais pas qui vous êtes et qui sont ces gens, dit-il en montrant l'assemblée d'un geste circulaire, et ne tiens pas à le savoir. La croix que vous portez m'incite à penser que vous êtes de bons chrétiens.

Devant la courtoisie d'un tel discours, les Compagnons de la Sainte Croix restent muets, Thibault et Tersissius comme les autres.

– Mes manants, continue Echenoz, m'ont fait savoir qu'un groupe de pèlerins avait perdu sa route et s'était égaré sur mes terres. Mes hommes d'armes vont donc vous remettre sur le droit chemin et vous escorter jusqu'à la ville de Colmar, où vous rejoindrez le pèlerinage. Que Dieu vous garde.

Sur ces mots, l'homme s'éloigne d'un pas aussi dégagé que lorsqu'il est venu.

– Il se paie notre tête, gronde le Borgne.

– Tu préfères qu'il nous la fasse couper, pauvre idiot, réplique Tersissius en grimpant sur le chariot dont la caisse est maintenant bien garnie de vivres. En avant, compagnons, il semblerait que Dieu s'impatiente.

Les soldats se sont montrés tout aussi tolérants que leur seigneur, bien que, à aucun moment, ils n'aient relâché leur vigilance. Ce n'est qu'en vue des murs de Colmar qu'ils ont laissé les Compagnons de la Sainte Croix à eux-mêmes. Ces derniers n'y découvrent que trois centaines d'attardés, dont Madeleine ainsi que tous les gens de son village de Touraine. Le prêtre qui les conduisait s'est effondré au bord du chemin et ses ouailles ont pieusement attendu trois jours son trépas avant de continuer leur route. Il se sont ainsi laissé distancer.

Il y a là aussi un curieux personnage. Il dit s'appeler Tancrède, baronnet de Champrepus, en Normandie. L'annonce de la croisade est parvenue tardivement sur son fief, mais il a été pris d'une fièvre d'aventure, se souvenant qu'un sien cousin, Roger de Hauteville, était en train de conquérir l'île de Sicile. Fort de cet exemple, il a réussi à rameuter une vingtaine de vassaux et écuyers, tous hommes à cheval. Ils ont parcouru la France et la Bourgogne à bride abattue et viennent juste d'arriver. D'un geste chevaleresque, Tancrède offre à Thibault de Cercy la monture d'un de ses cavaliers, perdu en chemin.

Par ailleurs, le plus grand nombre des attardés est constitué d'un troupeau de gueux clopinant et béquillant, qui n'ont aucune chance de rattraper les autres pèlerins.

À la tombée du soir, Tersissius attrape Mathieu par l'oreille et l'entraîne avec lui.

– Laisse-là un moment cette fille aux yeux de chat, et suis-moi. Nous avons des décisions à prendre.

– Mais je n'ai pas pouvoir de…

– On a le pouvoir qu'on se donne. Suis-moi !

Une sorte de conseil s'est réuni près d'un ruisseau. Une vingtaine de personnes à peine. Tancrède et l'un de ses cavaliers, Thibault de Cercy accompagné du Borgne, quelques religieux, le père de Madeleine. À quel titre les autres sont-ils là ? Mathieu évite de se poser la question, puisque lui-même s'y trouve.

La discussion est houleuse, et l'avis dominant est qu'il faut se hâter de rejoindre le gros de la croisade, qui a continué sa route vers le nord en longeant la rive gauche du Rhin. Il faudra brûler les étapes, et tant pis pour ceux qui ne pourront pas suivre.

– Père Tersissius, murmure Mathieu, on ne peut pas faire cela. Tous ces pauvres gens…

– Tais-toi. Attends et laisse-les s'essouffler.

Il a raison. Le débat tourne bientôt à la cacophonie. Si certains ne manifestent aucune solidarité envers les faibles, d'autres ont plus de scrupules. Ceux-là, qui se disent vrais pèlerins et vrais chrétiens, n'hésitent pas à accuser les premiers de n'être que des aventuriers déshonorant la croix qu'ils portent. Le ton monte et, lorsqu'il voit Tancrède empoigner un des prêtres par son collet, Tersissius se lève et s'écrie :

– Silence !

Le bonhomme a redressé son dos voûté, et sa barbe blanche est hérissée de colère. Mathieu lui trouve soudain une stature de géant.

– Écoutez-moi. Le pèlerinage dont nous faisions partie et qui nous a devancés ici descend à présent le cours du Rhin vers la ville de Mayence. Toutefois, il n'est qu'une infime partie de ceux qui ont pris la croix. Combien étions-nous ? Un millier, deux milliers, quelle misère ! Tandis que dix mille, vingt mille pèlerins, plus encore peut-être, ont été réunis à Cologne par Pierre l'Ermite et le sire Gautier Sans Avoir ; eux aussi se dirigent vers Mayence. C'est de là que s'ébranlera la vraie, la grande croisade.

– Tu mens, moine ! s'écrie un homme. Pierre et Gautier étaient avec nous sur la rive de la Saône. Je les ai vus !

– Innocent ! Tu as cru les voir ; et c'est sans doute Dieu qui l'a voulu ainsi. Quant au noble prélat qui t'a béni, ce n'était que l'archiprêtre de Dijon, mais ne t'inquiète pas : sa bénédiction vaut celle d'un cardinal.

Thibault de Cercy se lève à son tour, il a l'air furieux.

– Comment sais-tu tout cela, Tersissius ?

– J'étais moine à l'abbaye de Cluny, messire. Et à Cluny, on sait bien des choses. Pour le reste, il suffit d'avoir un peu de cervelle.

Un silence se fait dans l'assemblée, jusqu'à ce que quelqu'un dise :

– Alors, nous arriverons trop tard à Mayence.

– Assurément, répond le moine.

– Tersissius, s'écrie de nouveau Thibault, c'est assez joué ! Faut-il te supplier ou te battre pour que tu dises ce que nous pouvons faire ?

– C'est fort simple. Si nous franchissons le Rhin ici, sous Colmar, sans faire le long détour par Mayence, nous pouvons, en dix jours, en marchant droit à l'est, atteindre le fleuve Danube. Et le fleuve Danube a été créé par Dieu pour guider les pèlerins jusqu'à Constantinople, aux portes de la Terre sainte. Nous y serons en même temps que l'avant-garde des croisés de Mayence.

– Qui t'a enseigné ce chemin ? demande une voix.

– Je sais lire dans les livres.

– Alors, c'est dit, ne perdons plus de temps !

– Attendez, attendez ! Je vous guiderai, mais faisons d'abord serment que nous n'abandonnerons pas nos frères, même les moins vaillants, quoi qu'il en coûte, et tant qu'ils auront besoin de nous.

Quelques protestations s'élèvent encore, jusqu'à ce que Tancrède brandisse sa dextre en criant : « Je le jure ! » Les autres mains se lèvent à leur tour.

– Nous le jurons !

– Voilà qui est bien, conclut le moine. Maintenant, il faut que je vous mette en garde. Le trajet que nous allons emprunter n'est pas sûr, voilà pourquoi les pèlerins n'ont point coutume de s'y aventurer. Pour atteindre le Danube, il nous faudra traverser ce que les Germains appellent le *Schwartzwald*, « la Forêt-Noire ». Elle est le repaire de bandes de brigands…

– Bah ! Les brigands, s'esclaffe le Borgne, on saura s'en charger !

– Il y a aussi d'anciens soldats mercenaires que l'empereur de Germanie a chassés de ses armées…

– Assez bavardé, mordieu ! s'écrie Tancrède ; en avant et sus aux Germains !

La fougue du Normand est communicative et même les plus pacifiques des pèlerins, tel que semble être le père de Madeleine, sont soudain saisis d'ardeur guerrière.

– Un instant !

Thibault de Cercy s'est avancé au milieu de l'assemblée, qui fait silence. Cette fois encore, Mathieu s'étonne qu'en dépit de son jeune âge et de son état de proscrit, cet homme possède une telle autorité.

– Si nous devons en croire Tersissius, notre voyage ne sera pas sans périls. Il faut que nous puissions nous défendre et que nous cessions de vagabonder comme un troupeau égaré. Cela nécessite un ordre de marche, une discipline, et l'obéissance à un chef. M'acceptez-vous comme tel ?

Une main se lève, une deuxième, qui entraîne toutes les autres. Tancrède de Champrepus éclate de rire.

– Tu es plus malin que moi, Cercy. J'accepte de grand cœur.

Alors que, suivis du moine, ils reviennent vers les Compagnons, Thibault détache sa dague de sa ceinture et la tend à Mathieu.

– Le temps du gourdin est terminé. Sauras-tu te servir de ça ?

– Je n'en ai guère le désir, mais s'il le fallait…

– Fort bien. En cas de bataille, je compte sur toi, et sur toi aussi, le Borgne.

– Je ferai de mon mieux, dit l'autre. Je n'aimerais pas qu'il t'arrive malheur, messire. Va savoir pourquoi.

CHAPITRE X

Le Rhin ne se laisse pas franchir aisément. En cette fin du mois d'avril, son cours est haut et rapide. Le petit bac de Breisach doit effectuer plus de dix voyages pour transborder humains, montures, bétail et chariots.

– Et nous ne sommes pas plus de trois cents ! s'exclame le moine. Imagine, Mathieu, ce que ce doit être sous les murs de Strasbourg, de Mannheim et de Mayence, de Coblence et de Cologne…

Tous ces noms aux sonorités étranges font rêver le jeune homme, lui qui jamais ne pensait voir Clermont, lui qui ne pouvait pas s'éloigner à plus d'une journée de marche de sa tenure. Il ne parvient pas à s'imaginer l'espace infini qui s'ouvre devant ses pas. Des milliers de gens vont marcher ainsi, face à l'inconnu, pris du même vertige, de la même folie. Il se sent submergé d'une panique qui lui fait battre le cœur.

– Ce n'est pas normal ! s'écrie-t-il.

– Qu'est-ce qui n'est pas normal, mon fils ?

– Ce que nous faisons. Vous l'avez dit : nous ne sommes pas des fourmis ! Les hommes ne sont pas faits pour se mouvoir ainsi. Vous êtes sûr que le diable n'y est pour rien ?

– Bonne question, Mathieu, c'est bien ! Tu commences à raisonner.

La ville de Fribourg, sur les premières pentes de la Forêt-Noire, s'est montrée accueillante et charitable. Les bourgeois, rassurés sans doute par le petit nombre des pèlerins, les ont nourris et logés. Le doyen du chapitre s'est même autorisé un bref discours. Ne pouvant se faire entendre en germanique, il l'a prononcé en latin. Tersissius a traduit en langue franque.

De son propos ressortait que l'empereur des Germains, Henri le quatrième, ferait tout ce qui était en son pouvoir pour aider les croisés dans leur entreprise. En revanche, il fallait se méfier, là-bas, au-delà des frontières de l'Empire, des Hongrois, des Bulgares et des Byzantins : des chrétiens certes, mais des chrétiens schismatiques ! Ses derniers mots ont été encore plus redoutables : « Mes frères ! Sachez que, quoi qu'il survienne, la Sainte Église n'oubliera jamais votre sacrifice. »

Dès qu'il en a eu l'occasion, Mathieu a interrogé le moine.

– Père Tersissius, le prêtre a employé un mot que je ne connais pas : christmatique, je crois.

– Schismatique !

– Qu'est-ce que ça signifie ?

– C'est un peu compliqué, vois-tu, mais, à l'occasion, je te l'expliquerai.

– Il a aussi parlé de sacrifice : je ne comprends pas.

– Il se pourrait bien que cette magnifique aventure n'ait guère d'avenir et que… Et puis ça suffit ! Tu veux devenir clerc, Mathieu ?

– Non. Enfin, je ne crois pas.

– Alors, laisse ces problèmes aux clercs, et va plutôt te noyer dans les yeux de ta pucelle.

– Je voulais seulement raisonner, soupire Mathieu.

L'heure n'est plus à raisonner. La colonne des pèlerins s'avance le long d'un chemin caillouteux, vers un col qu'on peine à atteindre. La Forêt-Noire mérite bien son nom. Un pelage épais de sapins et de mélèzes dont les basses branches jonchent le sol et dont les cimes masquent le soleil. Il fait presque froid sur ces hauteurs.

Les Compagnons de la Sainte Croix vont en tête, tenant cette fois leurs armes bien en vue. Tous sont inquiets : de chasseurs, ils sont devenus gibier, et leur instinct leur fait flairer l'embuscade. Leur premier souci demeure néanmoins de protéger leur précieux chariot.

Les pèlerins suivent en une longue procession, encadrée par ceux qui sont aptes à porter une arme, si élémentaire soit-elle.

En arrière-garde, retenant leurs montures qui piaffent d'impatience, les cavaliers de Tancrède de Champrepus sont prêts à intervenir à la première alerte.

Le col est atteint et franchi sans encombre. Les souffles s'apaisent, le pas s'accélère, et l'attention se relâche.

– Et voilà, dit Tersissius, nous descendons maintenant vers la vallée du Danube. Bientôt…

Et soudain, c'est l'attaque, imprévisible tant elle est silencieuse ! Des êtres surgis de la futaie se ruent sur le convoi de part et d'autre du chemin. La forêt semble en vomir une multitude. Thibault saute de son cheval, pour se battre à pied comme ses hommes.

– Hardi ! Hardi, compagnons ! Montrez-leur qu'un larron en vaut bien un autre.

– Hardi ! Hardi ! hurle Tersissius en écho. Cette fois, c'est pour Dieu que vous vous battez !

La mêlée est vite indescriptible. Un tourbillon de cris, de visages grimaçants, d'armes qui s'abattent, de sang jailli...

Mathieu n'a que la dague de Thibault à la main. Haletant, le dos au chariot, il voit se ruer sur lui un géant, l'épieu pointé. Au dernier instant, il s'efface sur le côté, et la pointe de l'épieu s'enfonce dans le bois de la caisse, à deux doigts de sa poitrine. Emporté par son élan, l'homme s'écrase contre lui, puis se recule et, en jurant, tente de dégager son arme. Mathieu prend appui sur le chariot, pose la pointe de son coutelas sur le ventre de son adversaire et pèse de tout son poids. L'autre, la bouche ouverte sur un cri muet, titube en arrière, tenant l'arme à pleines mains, et s'effondre sur le dos.

Hors de lui, fou de terreur et de fureur, Mathieu saisit l'épieu et, un sanglot dans la gorge, s'élance droit devant lui. Thibault de Cercy fait face à deux hommes et ne peut que reculer sous leurs assauts. Mathieu fonce sur l'un d'eux et son épieu le transperce de part en part. Le second s'écroule, la gorge tranchée par l'épée de Thibault.

À bout de souffle, ce dernier touche l'épaule du garçon de son arme.

– À cet instant, Mathieu, tu es mon écuyer. Un jour, tu seras noble homme, je te le jure.

– Bien parlé, messire, et cochon qui s'en dédit ! crie le Borgne qui, à coups de masse d'arme, fait des ravages dans les rangs des assaillants.

Ceux-ci, tenus en échec à l'avant-garde, se retournent contre les pèlerins. Quelques-uns se défendent vaillamment, d'autres se protègent de leur mieux ; mais beaucoup s'agenouillent, les mains jointes, acceptant la mort et le martyre.

Alors, jaillis d'entre les arbres, Tancrède de Champrepus et ses cavaliers chargent en hurlant : « Jérusalem ! Jérusalem ! » Les soudards, convaincus qu'une armée entière les prend en revers, perdent pied et battent précipitamment en retraite.

Sous les grands arbres, on a enseveli une vingtaine de corps : parmi eux, des femmes et des enfants. On ne s'est pas attardé en oraisons, tant on a hâte de quitter les lieux. Les assaillants tués ont été jetés dans un ravin, sans autre cérémonie.

– *Requiescant in pace !* a prononcé un prêtre, par pure convenance.

Le soir venu, à l'abri d'un monastère fortifié où l'hospitalité leur a été accordée, les pèlerins se réconfortent devant de grandes écuellées de soupe en se répétant ce qu'a affirmé le père Tersissius : « Après-demain, nous verrons le Danube. »

Pour la plupart, cela ne signifie pas grand-chose, sinon que le fleuve les conduira vers Constantinople, puis vers Jérusalem.

Mathieu nourrit et abreuve ses bœufs avant de s'allonger dans la paille de l'étable, brisé d'émotion plus que de fatigue. Il tente de garder les yeux clos, mais les scènes de la bataille se répètent derrière ses paupières. De même qu'après la mort de Tortegoule, il n'arrive pas à se persuader qu'il est bien celui qui, ce matin, a tué deux hommes. Une voix le tire de son cauchemar :

– Lève-toi, Mathieu, et suis-moi.

D'un geste que le garçon n'aurait pas cru possible, Thibault de Cercy lui tend la main pour l'aider à se mettre sur pied. Il n'ose pas la prendre. Dans la cour éclairée par la lune, le chevalier s'arrête près de la margelle du puits. Sa voix a la brusquerie habituelle.

– Mathieu, tu es fils de serf ; je suis fils de seigneur. Éprouves-tu de la haine envers moi et envers mes… mes semblables ?

– De la haine ? Non, messire. Ce que je sens, c'est de la colère, contre je ne sais quoi au juste : quelque chose qui n'est pas plus votre faute que la mienne.

– Tersissius ne s'est pas trompé, tu raisonnes bien. Tu te bats bien aussi. Ce matin, tu m'as peut-être sauvé la vie. Je vais essayer de changer mes brigands en véritables soldats. Les pèlerins ont besoin d'être protégés. Je te prends pour écuyer. Je t'apprendrai ce qu'il faut pour cela. Il suffit que tu me prêtes serment comme il est de coutume entre nobles hommes.

Mathieu, comme il l'a fait devant l'intendant de Vaugremont, redresse la tête et regarde son interlocuteur en face :

– Tout à l'heure, je n'avais pas la tête à vous répondre, mais maintenant, je dois vous le dire : je ne veux pas être valet. C'est à cause de ça que je me suis enfui.

– Un écuyer n'est pas un valet. Il n'est au service de son chevalier que pour deux choses : il entretient ses armes et ses montures ; il est à son côté et le protège dans les combats. Rien ne le contraint que le serment prêté.

– Je ne sais ni monter à cheval ni manier les armes.

– Je te l'apprendrai, te dis-je. Il est plus facile de se servir d'une épée que de tracer des signes sur un parchemin, crois-moi.

– Est-ce que je peux demander conseil au père Tersissius ?

– Si tu le veux. Mais il faudra bien que tu saches un jour prendre toi-même tes décisions. Je veux ta réponse demain matin.

Le chevalier s'éloigne, puis fait soudainement demi-tour.

– Tu sais, Mathieu, si l'un de nous deux revient de cette croisade, ce sera toi.

– Qu'est-ce qui vous fait dire cela ?

– Je ne sais pas. Une chose m'est certaine maintenant : ma vie ne vaut pas plus que la tienne.

Le vieux moine a écouté Mathieu avec patience et ne s'est pas hâté pour donner son avis.

– Lorsque tu grattais la terre de ta houe en Auvergne, imaginais-tu qu'un prêtre te proposerait de manier la plume ? Et qu'un chevalier, quoique ce ne soit qu'un chevalier déchu, voudrait t'enseigner à brandir l'épée ?

– Vous savez bien que non.

– Pourras-tu accomplir les deux tâches de front ? Je serais peiné que le rustre que tu étais ne devienne qu'une brute d'homme de guerre.

– Je continuerai à vous écouter et à apprendre.

– C'est bien. Ce qui t'arrive là ne peut qu'être voulu par Dieu. Suis ton destin, mon fils.

CHAPITRE XI

Là où Mathieu et ses compagnons le découvrent enfin, le Danube n'est encore qu'un gros torrent de montagne. La déception est telle que Tersissius ne peut se dispenser d'un prêche de circonstance.

– Mes frères, proclame-t-il, ne laissez pas le doute envahir vos esprits et écoutez ces paroles. Le Danube n'est ici qu'au tout début de sa course ; il va la poursuivre pendant des centaines et des centaines de lieues. Au long de notre marche, vous le verrez grandir en taille, en puissance et en majesté. Vous le verrez le plus souvent calme et pacifique ; vous le verrez aussi furieux, lorsqu'il rencontre des obstacles. Si vous ne laissez pas votre foi et votre confiance en Dieu s'affaiblir dans vos cœurs, notre pèlerinage sera à l'image du fleuve : à chaque pas plus fort, à chaque pas plus déterminé ; inépuisable en nombre et en vigueur. C'est pourquoi il nous faut marcher, marcher, marcher !

Sa prédiction commence à se réaliser lorsque la petite troupe arrive quelques jours plus tard en vue des remparts de Ratisbonne. Une foule impressionnante d'hommes et de femmes aux vêtements marqués de la croix se presse dans des campements rudimentaires, partout où un espace dégagé le permet. Sur l'autre rive du fleuve, qui s'est considérablement élargi, un cortège ininterrompu de pèlerins, de cavaliers et d'attelages suit le grand chemin descendant des collines boisées.

– Je vous l'avais dit ! exulte le moine. Cette fois, la croisade est bien en marche ! Et ce ne sont que les premiers. Rien ne peut arrêter l'eau du Danube ; rien n'arrêtera notre fleuve humain !

À la première halte, alors que les pèlerins cherchent des abris pour le soir, Thibault de Cercy rameute ses hommes, ainsi que Tancrède et ses cavaliers.

– Compagnons, nous avons fait notre devoir auprès de ceux qui, jusqu'à présent, nous accompagnent. Ils n'ont plus besoin de notre secours, puisqu'ils sont parmi les leurs. Nous allons donc nous en séparer.

– Ce n'est pas trop tôt, approuve le Borgne, j'en avais assez d'avoir ces traîne-misère collés à mes braies !

– Quand vous avez pris la croix, vous n'étiez que des brigands, devenus pèlerins. Considérez-vous maintenant comme des soldats de Dieu. Ceux qui ont femme et enfants ont le choix. Soit ils me suivent, seuls, soit ils restent avec les paysans.

Un des larrons s'avance, suivi de quelques autres.

– J'ai déjà perdu mon âme bien des fois, dit-il. On m'a assuré qu'en me croisant, je l'avais retrouvée. Je ne veux pas la perdre de nouveau.

– C'est ton droit d'homme libre, Thomas. Je te délie de ton serment envers moi.

Mathieu, à son tour, fait un pas en avant. D'un geste brusque, Tersissius l'oblige à reculer.

– Mais, mon père !

– Tais-toi, malheureux ! Tu es écuyer non ? Qu'est-ce que tu veux ? Retourner à la boue d'où Dieu a bien voulu t'arracher ?

– Dieu ne me demande pas de trahir.

– Trahir qui ? Ta diablesse et les cabris qui gambadent dans ses cotillons ? Prends garde de ne pas te trahir toi-même.

La voix du moine gronde ; le garçon baisse la tête, vaincu.

– Où est la liberté alors ?

– Personne n'est libre, Mathieu !

À l'exception de quelques-uns, les Compagnons de la Sainte Croix ont suivi leur chef. Guidé par un étrange instinct, celui-ci n'a pas tardé à découvrir, un peu à l'écart de la foule, le campement de plusieurs centaines d'hommes d'armes. Il pénètre parmi eux, accompagné de Tancrède. Mathieu, à qui il a confié sa lourde épée dans son fourreau, lui emboîte le pas. Un homme s'avance à leur rencontre. Son haubert est marqué d'une large croix écarlate.

– Chevalier de Cercy, dit simplement Thibault. Je suis de Bourgogne.

– Champrepus, ajoute Tancrède, de Normandie.

– Baron Turpin d'Étampes ; je suis de France. Bienvenue à vous et à vos hommes.

Tenant l'épée comme on tient une croix, Mathieu Boveret, héritier de générations et de générations de servitude, demeure stupéfait. Ces hommes, sans qu'il soit nécessaire de rien prouver, de rien montrer, se reconnaissent entre eux, comme étant de la même essence : le sel de la terre.

Revenu parmi les siens, Thibault est de bonne humeur.

– Mathieu, dit-il, tire cette épée de son fourreau.

Le garçon s'exécute, impressionné d'avoir en main une arme qu'il n'aurait jamais pensé toucher un jour.

– Frappe-moi !

– Mais…

– Frappe-moi, te dis-je.

Maladroitement, Mathieu fouette l'air en direction du chevalier. Son avant-bras est immédiatement saisi dans une poigne d'acier.

– Recommence !

Alors, de nouveau cette rage douloureuse qui lui brouille la pensée : la pointe en avant, Mathieu charge, pour tuer ! Thibault esquive de justesse ; la lame effleure son épaule. Il s'écarte et tend la main.

– Là, là, Mathieu, rends-la-moi maintenant. Je ne m'étais pas trompé : tu apprendras vite.

– Sacredieu ! conclut le Borgne.

Le moine prend le garçon à l'écart, le contraint à s'asseoir sur un tronc d'arbre abattu.

– Calme-toi, à présent, Mathieu. Ce n'était qu'une petite épreuve. Voyons, quelles villes verrons-nous avant d'atteindre Constantinople ? J'écoute.

– Munich et Vienne qui sont en Germanie, Buda, qui est au royaume de Hongrie, Belgrade et Stredetz qui sont chez les Bulgares.

– Bien ! Qui est le basileus ?

– L'empereur romain de Byzance, maître de Constantinople.

– Comment s'appelle-t-il ?

– Alexis Comnène le premier.

– Est-il notre allié dans notre entreprise ?

– Peut-être attend-il avant tout que nous libérions ses terres des Turcs mahométans qui les ont envahies.

– Mais c'est parfait, Mathieu ! Voilà ce qui s'appelle raisonner ! Tu peux maintenant aller rejoindre ta jolie rousse. Sois vaillant. Quelque chose me dit que le temps risque de se mettre à l'orage.

Plantant là son disciple, le moine s'éloigne en boitillant et en gloussant comme un vieux dindon.

Il avait, malgré tout, vu juste. Madeleine s'est révélée pire que la pire des averses de grêle sur un verger en fleurs.

– Tu es un traître, Mathieu.

– Et qui est-ce que je trahis, selon toi ?

– Toi-même ! Tu es fils de serf. C'est ainsi que Dieu t'a fait naître et c'est ainsi qu'il t'aurait accueilli dans son paradis. Tu crois au paradis ?

– Bien sûr !

– Alors, il va se fermer pour toi.

– Et pourquoi ?

– Parce qu'au paradis il y a une place pour les serfs, une place pour les clercs, une place pour les seigneurs. Quand tu te présenteras devant Saint Pierre, il ne saura pas qui tu es. Toi-même, tu ne le sauras plus.

– Ni les clercs, ni les seigneurs ne prendront mon âme !

– Pauvre fou ! Ils l'ont déjà fait. Je te l'ai déjà demandé : que vas-tu chercher à Jérusalem ?

Assis contre le tronc d'un arbre, Mathieu a appuyé sa tête sur ses genoux repliés entre ses bras. Ainsi recroquevillé, il laisse l'orage passer sur lui. D'un coup de reins, il se redresse.

– Je vais chercher ma liberté.

– Pas le salut de ton âme ?

– Non. Ma liberté d'homme.

– Elle va te coûter cher, mon ami, très cher. Reviens me voir quand tu l'auras trouvée. À propos, qu'as-tu fait de tes bœufs ?

– Quelqu'un s'en occupe.

– Ah, quelqu'un… Tu vois, moi j'ai toujours mes chevreaux. Va ton chemin, Mathieu ; on se retrouvera peut-être, à Jérusalem.

CHAPITRE XII

La croisade est immobilisée depuis quatre jours devant Rastisbonne. Les pèlerins s'impatientent, particulièrement les hommes de guerre qui parlent déjà d'aller de l'avant sans attendre l'ordre de départ. Un ordre dont aucun ne sait exactement qui doit le donner. Le bruit court que Gautier Sans Avoir demeure en ville, mais personne ne peut affirmer l'avoir vu. On dit aussi qu'il attend Pierre l'Ermite qui, lui, serait toujours sur le Rhin à organiser ses troupes et à espérer le renfort de quelques seigneurs.

Profitant de ce temps perdu, Thibault a confié Mathieu aux cavaliers de Tancrède, qui ont entrepris de le mettre à cheval. L'apprentissage est efficace, mais rude. Le soir venu, le pauvre garçon est moulu et meurtri ;

il tombe de sommeil en tentant d'écouter ce que Tersissius lui dit des Turcs seldjoukides et de leur sultan Kilij Arslan. Il en oublie même parfois de penser à Madeleine et à la brouille qui les sépare.

Le quatrième jour enfin, Thibault l'appelle auprès de lui, ainsi que le Borgne.

– J'ai mis mon épée au service de Turpin d'Étampes. Nous partons demain comme avant-garde. Mathieu, tu vas être bouvier une dernière fois. Attelle tout de suite, nous entrons dans la ville.

– Et les victuailles, les provisions, qu'est-ce qu'on en fait ? s'inquiète le Borgne.

– Laissez tout dans le chariot. Hâtez-vous !

Sans qu'on ait à parlementer, la garde, chargée d'interdire l'entrée de la ville au commun des pèlerins, laisse l'attelage franchir la porte. D'un geste discret, Thibault salue le sergent qui la commande. On s'engage dans la rue pavée longeant le rempart. Une porte cochère s'ouvre sur une cour étroite et se referme immédiatement derrière le chariot. Un petit personnage à la barbiche grise s'approche. Il est vêtu d'une ample robe noire, et la calotte qui lui couvre la tête laisse échapper deux courtes tresses finement nattées. Il s'incline devant Thibault.

– Qui est-ce ? souffle Mathieu au Borgne.

– Je n'en sais foutre rien ; sauf que m'est avis qu'il n'est pas bon chrétien.

L'homme frappe dans ses mains et surgit alors une demi-douzaine de serviteurs. En un tournemain, ils déchargent le contenu du chariot : une réserve de vivres pour plus de dix jours. Tout cela a évidemment été convenu d'avance.

– Mais… Mais…

Le Borgne en bégaie d'indignation.

– Tais-toi, lui intime Thibault.

Aussi prestement, six grandes caisses en bois semblant peser fort lourd sont hissées dans le chariot. Sans autre explication, Thibault ordonne de repartir. Parvenu au campement, après avoir fait déposer les caisses à terre, il attire Mathieu à part.

– Tu vas retourner là d'où nous venons et y laisser les bœufs et le chariot. Nous n'en avons plus besoin.

Mathieu voudrait protester, demander les raisons d'un tel acte. Une fois encore, l'habitude d'obéir l'emporte.

Lorsqu'il est de retour, c'est pour assister à une étrange métamorphose. Les truands sont devenus soldats. Chacun s'est vu doté d'une arme de guerre extraite des caisses éventrées : des épées, des haches et des masses d'armes, des épieux. Quelques arcs et leur carquois. Une arbalète aussi. Tout cela est vétuste et nécessite une sérieuse remise en état, mais remplace avantageusement les gourdins, les coutelas et les bâtons ferrés.

– Ne t'inquiète pas, lui dit Thibault en riant, je t'ai réservé ce qui convient à un écuyer.

Le lendemain matin, Mathieu a peine à se reconnaître. Épée au côté, sa chemise recouverte d'une courte cotte de mailles, il a troqué son bonnet de feutre contre un casque de fer qui a dû passer sur la tête de plus d'un propriétaire. Le cheval, sur lequel il se tient de son mieux, n'en est pas lui non plus à son premier cavalier ; il fait tout de même assez bonne figure auprès des destriers de Thibault et des gens de Tancrède.

À son côté, Tersissius cahote sur une mule acquise, comme le cheval, à l'issue de tractations obscures.

– Tu fais bien triste mine, mon jeune ami, remarque-t-il. N'es-tu point satisfait de ta nouvelle condition ? Tu as pourtant fière allure.

– Ne vous moquez pas de moi, je vous en prie.

– Alors, confie-moi ce qui te tourmente. Nous avons tout le temps.

Mathieu réfléchit un long moment pour mettre de l'ordre dans sa pensée. Il a conscience que seul le moine peut l'aider à voir clair en lui-même.

– Je sais que je ne peux pas me plaindre, mon père. Thibault et vous voulez mon bien. Pourtant, ce qui m'arrive ne va pas selon mon cœur.

– Explique-toi plus avant.

– J'ai quitté mes parents et notre tenure parce que je ne voulais pas être valet. Je suis devenu brigand bien contre mon gré et j'ai pris la croix parce que je n'avais pas le choix. Et voilà que je suis soldat : des gens que je méprisais, et que je détestais encore davantage que les valets. J'étais bouvier ; j'aimais bien mes bêtes, et c'est moi qui suis allé les échanger contre la rosse que je monte, votre mule, et toutes ces armes.

– Tu oublies encore une chose, glisse perfidement Tersissius. À cause de tout cela, tu crois avoir perdu ta belle aux yeux verts.

Les épaules de Mathieu s'affaissent encore un peu plus.

– Qu'est-ce que je peux faire, mon père ?

– Mais rien, Mathieu, rien ! Tu l'as dit toi-même un jour : ce qui nous arrive n'est pas normal. Qu'est-ce qui pourrait arrêter ce peuple en marche vers Jérusalem ? Rien. Qu'est-ce qui peut maintenant changer le cours de ta vie ? Rien. Tu n'as plus le loisir de revenir en arrière. Alors, agis comme moi, mon fils. Fais confiance à la volonté de Dieu. Ouvre grand tes yeux et tes oreilles. Là-bas, sur votre tenure, tu étais déjà mort avant d'avoir vécu. Ici, tu vis, Mathieu, tu vis !

Et la croisade, enfin remise en marche, va de l'avant.

Gautier Sans Avoir, fils cadet du seigneur de Poissy, en France, n'était qu'un pauvre chevalier sans espoir d'obtenir un quelconque fief. Impressionné par la passion religieuse de Pierre l'Ermite, il a voué son épée au service de Dieu, sans attendre que nobles et seigneurs se constituent en armées pour une véritable expédition guerrière. Sa fougue et son impatience sont telles qu'il n'a pas supporté les lenteurs du grand prédicateur. Réunissant autour de lui les plus déterminés et les plus combatifs des pèlerins, rameutant ceux qui portaient une arme et savaient s'en servir, il a pris les devants.

Gautier est avant tout un homme de guerre. Il a su maîtriser et organiser son troupeau de dix ou douze mille croisés. Il a trouvé des chefs, tels que Turpin d'Étampes, pour les encadrer et les discipliner. Le pillage a été interdit, et même des gredins comme les Compagnons de la Sainte Croix se le tiennent pour dit. Quelques pendus aux branches des arbres bordant le Danube ont rappelé les téméraires à la sagesse.

– Foutre Dieu, grogne le Borgne, si on m'avait dit

qu'un jour je deviendrais sergent d'armes ! C'est à n'y pas croire. Pas vrai, messire l'écuyer ?

– Tais-toi, et marche, bougre d'âne, lui répond Mathieu. Il paraît que c'est le prix à payer pour être vivant et libre. Si tu ne me crois pas, pose la question à Tersissius.

Les grandes cités, aussi bien que les petites villes des rives du Danube, les seigneurs en leurs châteaux, n'ont qu'une hâte : voir cette crue humaine s'écouler au plus vite et porter plus en aval la menace qu'elle contient. C'est pourquoi aucun obstacle ne lui est fait et, à très bas prix, sinon gracieusement, les pèlerins obtiennent matériel, vivres et fourrage. On ne fait d'ailleurs qu'obéir aux ordres de Henri le quatrième, empereur de Germanie, et de Coloman, roi de Hongrie, qui ne pensent qu'à évacuer vers l'est cette racaille inspirée de Dieu.

– C'est merveilleux, s'étonne Mathieu. En sera-t-il ainsi jusqu'à Jérusalem, mon père ?

– J'en doute, mon enfant, j'en doute. Dans quelques jours, nous atteindrons les terres byzantines de Bulgarie. Et qui sont les Bulgares ?

– Des schismatiques, mon père.

– Et qu'est-ce qu'un schismatique ?

– Quelqu'un qui croit au même Dieu que le nôtre,

mais pas de la même manière. C'est du moins ce que vous m'en avez dit.

– Peut-on faire confiance à ces gens-là ?

– Je n'en sais rien.

– Voilà bien le problème, Mathieu : on n'en sait rien.

CHAPITRE XIII

La frontière orientale du royaume de Hongrie était à peine franchie, et le premier pas fait en terre bulgare, que les inquiétudes de Tersissius se sont révélées fondées : les difficultés commençaient.

Une délégation de croisés a été envoyée par Gautier Sans Avoir à Belgrade, auprès du gouverneur byzantin de la ville. Elle était chargée d'obtenir les mêmes facilités d'approvisionnement que celles accordées en Germanie et en Hongrie. La réponse a été catégorique : le gouverneur de Belgrade n'avait reçu aucune directive de la part du seigneur Nicétas, gouverneur général de la Bulgarie, qui lui-même ne connaissait pas les sentiments du basileus à ce sujet. La croisade devait donc subsister à partir de ses propres réserves ; et ne pas s'attarder en territoire bulgare.

Gautier a décidé néanmoins de pousser en avant. L'immense colonne s'étire le long du Danube ; les pas se sont faits lourds, les dos se sont voûtés sous le poids de l'angoisse et de la faim. Les rires, les prières, les cantiques se sont éteints dans les gorges, pour laisser place à des murmures de haine, à des menaces : les Bulgares, les Bougres, comme beaucoup les appellent, sont des monstres, des ennemis de Dieu, complices des mahométans… La preuve en est que, sur les hauteurs environnantes, on a aperçu des cavaliers en armes qui surveillent la progression des pèlerins.

Comme tous les soirs, à la halte, Thibault de Cercy et Tancrède de Champrepus ont réuni leurs hommes. Habituellement, ces soirées autour des feux sont plutôt joyeuses, mais cette fois, les visages sont moroses, préoccupés.

– Compagnons, commence Thibault, cela ne peut plus durer ! Que nous crevions de faim est une chose, nous en avons l'habitude, mais nos chevaux s'affaiblissent et nous avons besoin d'eux.

– Moi, je n'ai pas de cheval, objecte une voix.

– Qui a dit ça ?

Les truands baissent le nez, tels des gamins insolents pris en faute.

– Bien ! Demain matin, toi le Borgne, tu prends avec toi deux Compagnons et une vingtaine de manants. Tu les conduis hors de la vallée, et vous fourragez blé, orge, seigle et avoine, tout ce que vous trouverez.

– Mais, Thibault, intervient un homme, on est en mai, le blé est à peine en herbe !

– Et alors ? Tu ne seras plus ici pour la moisson.

Un silence se fait dans la troupe, à la fois réprobateur et soumis.

– Je vais avec eux, décide Mathieu.

– Ce n'est pas ton rôle. Pourquoi veux-tu y aller ?

– Parce que maintenant j'ai un cheval ; et il n'y a pas si longtemps, je n'étais bon qu'à fourrager.

Cette rébellion étonne Thibault ; il va refuser, puis finalement, préfère ne pas y attacher d'importance.

– Ma foi, si ça t'amuse…

Le lendemain, après avoir escaladé le coteau boisé par un long chemin encaissé traversant des taillis, la petite troupe débouche sur un plateau défriché et quadrillé de haies qui masquent l'horizon. Elles délimitent des champs emblavés. Les céréales, encore vertes, sont en pleine croissance et les épis commencent à se former. Aucune habitation en vue. Leur faucille à la main, les paysans hésitent à se mettre à la tâche ; Mathieu tarde à le leur ordonner. Le même sentiment les retient. Même si ces blés appartiennent aux pires des païens, ils sont le fruit d'un labeur qu'ils connaissent trop bien. Ces grains en train de naître représentent la vie. Les détruire est un crime.

– Allez-y ! crie enfin Mathieu. Ne fauchez qu'en bordure des haies et prenez garde de ne pas piétiner le reste.

– Voilà bien des manières ! ricane le Borgne, derrière lui.

Quelque temps plus tard, les fourrageurs ont achevé leur besogne et, chargés de leur butin, ils s'en reviennent sur le chemin creux. À peine y sont-ils engagés qu'une troupe armée leur interdit le passage. Ce ne sont pas des croisés, et les arbalètes pointées manifestent clairement leurs intentions. Les hommes de Thibault, qui ferment la marche, se retournent : d'autres soldats approchent au pas de course.

Le Borgne réagit immédiatement.

– Abandonnez tout ! hurle-t-il. Sauvez-vous dans le bois, sur votre droite !

Jurant comme un possédé, il grimpe le talus, suivi des deux Compagnons et de Mathieu. Au moment de se lancer dans les fourrés, ce dernier jette un coup d'œil derrière lui. Les paysans ont lâché les bottes de fourrage, mais n'ont pas fait un mouvement pour fuir. Certains, déjà, s'agenouillent en se signant.

– Cours, Mathieu, cours, sacredieu ! crie le Borgne.

Les quatre hommes foncent droit devant eux, à l'aveugle, seulement soucieux de distancer leurs poursuivants. Lorsqu'ils s'arrêtent, l'oreille aux aguets, sur un sentier qui court parallèlement au grand chemin, c'est pour constater que personne ne les pourchasse.

– Bon ! Eh bien, on rentre au camp, propose le Borgne.

– En abandonnant ces pauvres gens ? s'insurge Mathieu. Nous devions les protéger, non ?

– Mais on est quatre, les Bougres sont plus de cinquante. Qu'est-ce qu'on peut faire ?

– Tu prends Jeanlain avec toi, et vous allez alerter Thibault pour qu'il vienne à la rescousse. Le Bénin et moi, nous essayons de voir où ils les conduisent. On se retrouve à l'endroit où ils se sont fait prendre.

– À vos ordres, messire.

Dans la voix du Borgne, il n'y a, cette fois, aucun signe de moquerie ; il obtempère sans discuter.

Mathieu et le Bénin retournent sur leurs pas en se faisant les plus discrets possible. Le lieu de l'embuscade est désert. Les faucilles y ont été abandonnées, ainsi que les bottes de blé. Les soldats et leurs prisonniers sont partis vers l'intérieur des terres en empruntant le chemin. Le doute n'est pas possible. En effet, sur plusieurs centaines de pas, le sol est jonché de bouts de tissu : les croix que, sans doute, les pèlerins ont été contraints d'arracher de leurs vêtements.

Les deux croisés se lancent en courant sur ces traces. Ils sortent de la forêt et continuent sur les terres cultivées pendant une demi-lieue. Au sommet d'une petite côte, ils se dissimulent derrière une haie, alertés par des éclats de voix et des rires. Ce qu'ils découvrent les cloue de stupeur.

Un peu à l'écart d'un hameau composé de quelques masures, les hommes d'armes ont encerclé une vieille grange délabrée. Quelques-uns d'entre eux poussent brutalement les pèlerins à l'intérieur, tandis que d'autres entassent des fagots au bas des murs de planches. La porte est bloquée avec un madrier, et deux hommes approchent avec des torches allumées.

– Ce n'est pas possible ! Ils ne vont pas faire ça. Pas pour quelques arpents de blé, murmure le Bénin.

Horrifié, Mathieu ne peut articuler un mot. Un fagot s'enflamme, un second, puis les parois de la baraque. Le feu gagne instantanément le toit de chaume. Du cœur de la fournaise s'échappe un hurlement atroce, jailli de vingt gorges qui usent leur dernier souffle à crier. Hors du brasier surgissent deux torches humaines ; elles s'affaissent aux pieds des soldats, qui les regardent agoniser sans un mouvement.

Mathieu tire son compagnon en arrière, et ils s'élancent vers l'orée de la forêt. Quand ils l'atteignent, ils se heurtent à Thibault et aux cavaliers de Tancrède qui ont mis pied à terre, hésitant à s'aventurer à découvert. Ils viennent d'être rejoints par les Compagnons de la Sainte Croix, emmenés au pas de course par le Borgne.

Hors d'haleine, Mathieu se laisse choir sur le bord du talus, la tête dans ses bras. Thibault s'approche de lui et lui pose une main sur l'épaule.

– Parle, Mathieu. Où sont-ils ? Nous allons les libérer.

– Les libérer ! Ils sont morts, tous. Ils les ont brûlés !

Il ne peut en dire davantage, et c'est le Bénin qui, en quelques mots, raconte ce qu'ils viennent de voir. Tancrède est déjà prêt à enfourcher son cheval.

– Sang-Dieu ! Ces barbares vont s'en repentir. Chargeons-les de suite !

– Attends ! intervient Thibault. Ils sont sans doute plus nombreux et mieux armés que nous. Une bataille rangée ne tournerait pas à notre avantage. Nous aurons mieux à faire plus tard.

Il s'approche de son écuyer et l'oblige à se lever.

– Viens, Mathieu. Nous ne pouvons plus rien.

– Je me suis enfui. J'aurais dû les défendre ou me laisser prendre avec eux.

– Ça n'aurait servi à rien. Ils seraient morts de toute manière, et tu te serais bravement fait tuer. Si tu y tiens, les occasions ne te manqueront pas.

– Nous avions commis une mauvaise action. Saccager du blé en herbe est un péché. Quand j'étais serf…

– Ça suffit ! Tu n'es plus serf.

CHAPITRE XIV

Gautier Sans Avoir a réuni tous ceux qui, prêtres ou laïcs, ont maintenant quelque autorité auprès des croisés. Thibault de Cercy, fort de sa cinquantaine d'anciens larrons, en fait partie. Sa traversée de la Forêt-Noire et la manière dont il a protégé les attardés de Colmar lui ont valu une certaine notoriété parmi les pèlerins. Lorsqu'il revient au campement, il ne peut cacher sa satisfaction.

– C'est décidé, annonce-t-il. Dans trois jours, nous serons devant Belgrade. Puisque le gouverneur ne veut pas nous accorder son aide, nous allons l'y contraindre. Nous prendrons la ville de force. Nous serons les premiers à y pénétrer, compagnons !

– Vive-Dieu ! Voilà qui est parlé, s'exclame Tancrède.

– Pourquoi sont-ils si heureux ? demande Mathieu à Tersissius. Les Bulgares vont se défendre. Des centaines, peut-être des milliers de gens vont mourir.

– Ils ont le sang noble, mon fils. Ils croient servir Dieu peut-être, mais la croisade est avant tout pour eux une aventure. Et voilà qu'on leur offre la guerre. La guerre, tu comprends, c'est ce qui justifie leur naissance.

– Mais moi, ce n'est pas ce que je veux !

– Je crains bien que ce que tu veux, ou ne veux pas n'ait plus beaucoup d'importance, messire écuyer.

Le crépuscule qui s'étend sur Belgrade ne met pas fin à l'horreur. Ceux qui rêvaient de bravoure et de faits d'armes doivent être déçus, car il n'y a pas eu bataille. Le gouverneur, à la tête de la garnison byzantine, s'est réfugié derrière les murailles de la haute ville et de la citadelle, qui se révèlent imprenables sans un assaut direct. En revanche, il a abandonné les faubourgs à la fureur des croisés. Les hommes en armes y sont entrés d'abord. Devant l'absence de résistance, le torrent s'est répandu dans les rues et les ruelles. Toute discipline abolie, chacun a agi pour son compte, avec pour seul objectif de se servir le premier.

Puis déferle la foule écumante des pèlerins, inondant tout. Portes éventrées, hommes, femmes et enfants massacrés, tout ce qui est consommable est pillé, ce qui ne l'est pas est saccagé. Des incendies s'allument çà et là. En un instant, des hommes pacifiques et pieux deviennent des chiens enragés, affolés de faim, de haine, de peur et d'ignorance.

Combien parmi eux savent où ils sont et qui ils exterminent ? Encombrés de leur butin, brandissant tout ce qui peut servir d'arme, ils tourbillonnent dans la ville en criant : « Jérusalem, Jérusalem ! Mort aux mahométans ! »

Depuis longtemps, Mathieu a perdu de vue Thibault, qui ne s'est pas soucié de lui. Il erre dans les rues au gré des courants qui remuent la foule. Enfin, pris d'une fureur subite, il éperonne son cheval. Sans s'inquiéter de ceux qu'il bouscule ou piétine, il va droit devant lui. Il se surprend même à frapper de son épée un croisé qui a saisi la bride de sa monture. Il n'a qu'une pensée : échapper à cet enfer.

Luttant contre le flot humain, il débouche sur la longue prairie qui borde le Danube. Là sont demeurés les femmes, les enfants, les vieillards et le bétail. Il finit par retrouver Tersissius.

Celui-ci est assis au pied d'un saule ; sa mule broute à proximité. Sur un livre de prières, dont il a patiemment effacé les textes en grattant le parchemin, il écrit.

– Que fais-tu ici, mon garçon ? Je te croyais en train de pourfendre les schismatiques qui nous affament.

– Ne raillez pas, mon père. Si vous saviez ce qui se passe dans la ville…

– Je m'en doute. Mais permets-moi d'achever la phrase que j'avais entamée.

Mathieu a déjà tracé à la craie quelques lettres et quelques mots sur une plaque d'ardoise que le moine serre précieusement dans sa besace. Pour l'illettré qu'il est encore, cet exercice prend un sens aussi sacré que le signe de croix. Il attend avec patience et respect. Là-bas, les faubourgs de Belgrade brûlent et les pèlerins s'en reviennent courbés sous leur butin, comme ils l'étaient, il y a peu, sous leurs fagots de bois mort. Tersissius referme son livre.

– Qu'écrivez-vous là, mon père ?

– Mes pensées, tout simplement.

– Pouvez-vous me dire la dernière ?

– Pourquoi pas. J'ai écrit : « Tuer au nom de Dieu n'est-il pas un crime nous condamnant à perdre sa miséricorde ? » Qu'en penses-tu ?

– Je ne sais pas.

– Et tu as bien raison. Bon ! Laisse donc ton destrier auprès de ma mule, ils s'entendent bien. Quant à ton chevalier-brigand, il n'a pas besoin de toi, il est occupé ailleurs. Si tu suis la rive vers l'amont, jusqu'à un gros rocher qui surplombe l'eau, il n'est point impossible que tu y rencontres une certaine damoiselle aux yeux verts.

– Vous l'avez trouvée ?

– En fait, c'est plutôt elle qui m'a trouvé, mais ce n'est pas moi qu'elle cherchait. Il me semble qu'elle avait besoin du secours d'un brillant écuyer.

– Vous ne vous moquez pas de moi ?

– Enfin, Mathieu ! Ai-je l'habitude de plaisanter ?

Le cœur hésitant entre la joie et l'appréhension, Mathieu se glisse entre les attroupements des croisés. Sur les visages des femmes marqués par les privations se lit une terrible avidité quand elles font l'inventaire de ce que rapportent les hommes. Eux ont le regard hébété de lassitude et d'horreur. Ces paysans, qui jamais n'avaient levé leurs bâtons que sur leurs chiens et parfois leurs enfants, viennent de voler, brûler, tuer aussi. Ils ont les mains et le visage noircis de suie. Les vêtements sont tachés de sang. Il règne un étrange silence, comme si la parole humaine n'avait plus sa place après cette curée.

Une main tire soudainement Mathieu par sa manche.

– Madeleine !

Elle l'entraîne jusqu'au pied du rocher dont a parlé le moine. Elle paraît indifférente à ce qui l'entoure. Elle se tient droite devant lui, les bras croisés sur sa poitrine. Sa voix est aussi autoritaire à cet instant que l'éclat de ses yeux.

– Mathieu, il faut que tu m'aides. On m'a volé mes chevreaux.

– Que veux-tu que j'y fasse ? À l'heure qu'il est, ils sont en train de tourner sur une broche pour le souper.

– Non. Ils sont vivants. Je viens de les voir. Je sais qui me les a pris.

– Et, évidemment, il ne veut pas te les rendre.

– C'est une brute. Tout le monde le craint ; mon père comme les autres. Toi, tu peux lui faire peur.

– Moi ! Et pourquoi donc ?

– Avec ton épée, ta cotte de mailles et ton casque, tu as l'air d'un seigneur. À toi, il obéira. Viens !

Et Mathieu la suit, sans savoir s'il se soumet à la volonté de cette fille ou s'il ne fait que répondre à la bouffée de vanité qui lui monte à la tête.

L'homme est un géant. Mathieu se sait de bonne carrure, mais l'autre le domine d'au moins une tête. À proximité, les deux chevreaux bêlent désespérément, une des pattes entravée à un piquet.

– Ces bêtes sont à toi ?

– Bien sûr, messire.

– Tu mens. Libère-les !

– Mais…

– Libère-les, te dis-je !

Mathieu a posé la main sur le pommeau de son épée comme il a vu faire Thibault et Tancrède chaque fois qu'on osait les contrarier. Un demi-cercle de pèlerins s'est rassemblé derrière lui.

– C'est toi qui les as élevées ?

– Bien sûr.

– On va bien voir. Détache-les !

L'homme hésite, puis, en grognant des grossièretés, il s'incline. Aussitôt libres, les deux chevreaux se réfugient dans les jupes de Madeleine. Des exclamations jaillissent de l'attroupement.

– Alors, elles sont toujours à toi ?

– Elles s'étaient égarées, messire. Je voulais seulement…

– C'est bon. Mais n'oublie pas que, maintenant, je te connais.

De retour au pied du rocher, Mathieu demande :

– Tu es contente ?

– Oui. Et toi ?

– Moi ? J'ai honte. Honte d'avoir agi comme on a toujours agi contre mon aïeul, contre mon père, contre moi-même. Honte de ne plus être qui je suis.

– Pourquoi l'as-tu fait ?

– Toi qui sais tout, tu devrais t'en douter. Dis-moi, Madeleine, ton père était dans Belgrade aujourd'hui ?

– Oui, comme les autres.

– J'espère qu'il y a trouvé son salut. Je te reverrai peut-être, à Jérusalem. Adieu.

À grands pas, Mathieu s'éloigne. Il a dans l'âme le plaisir amer d'être, cette fois, sorti vainqueur de l'étrange joute qui l'oppose à Madeleine. Une victoire qui le laisse désemparé, et mécontent de lui. Plutôt que de satisfaire son orgueil, n'aurait-il pas mieux fait de la prendre dans ses bras ?

CHAPITRE XV

Laissant derrière elle haine et désolation, revigorée par les vivres pillés, alourdie aussi par une multitude d'objets volés, la troupe des croisés a repris sa marche en remontant vers le sud le cours de la Morava, affluent du Danube.

– Pourquoi avons-nous quitté le fleuve, mon père ? demande Mathieu à Tersissius.

– Pour deux sortes de raisons. Les premières, tu devrais les connaître, si tu te montrais plus attentif à mes enseignements. Au lieu de cela, dès que nous faisons halte, tu passes ton temps à épuiser ce malheureux cheval ou à manier lance et épée avec ces fous de Normands.

– C'est Thibault qui le veut. Moi…

– Toi, tu m'écoutes, à présent. À quarante lieues en aval de Belgrade, le Danube a creusé une longue et profonde gorge dans la roche d'une montagne. Ses eaux y tourbillonnent avec furie. Ce lieu infernal s'appelle…

– Les Portes de Fer.

– Bien… Si tu n'as guère de jugement, au moins tu as de la mémoire. Dans cette gorge, le chemin est bien trop périlleux pour une troupe comme la nôtre. Si, par miracle, nous parvenions à la franchir, nous pénétrerions alors dans une immense plaine où nous serions la proie des Petchenègues.

– Les Petchenègues ?

– Oui. De redoutables cavaliers qui viennent des immensités de l'Asie où aucun chrétien n'a jamais porté ses pas. Ils franchissent le fleuve en y faisant nager leurs chevaux. Ce sont des païens mâtinés de mahométans ; les armées du basileus ont bien du mal à les tenir à l'écart. De toute manière, le Danube nous emmènerait beaucoup trop au nord.

– Lorsque nous étions près de sa source, au pied de la Forêt-Noire, vous nous avez assuré qu'il nous conduirait droit jusqu'à Constantinople.

– Apprends, mon garçon, que lorsqu'on s'adresse à des esprits simples, il faut soi-même se montrer simple.

– Quitte à mentir ?

– À l'occasion.

Bercé par le pas de sa mule, Tersissius semble s'être assoupi. Mathieu insiste cependant :

– Vous m'avez parlé de deux sortes de raisons. Vous ne m'avez donné que les premières.

– Hein ? Ah oui. Sur le chemin que nous suivons à présent, et que j'ai suivi jadis, se trouvent deux très riches cités. D'abord Nish, où réside le gouverneur de la Bulgarie, puis Stredetz. Nous y trouverons notre subsistance.

– Vous voulez dire que nous allons recommencer ce que nous avons fait à Belgrade ! C'est impossible, Dieu ne le permettra pas !

– Allons, allons… Je suis convaincu que cette fois le gouverneur Nicétas ne nous refusera pas son aide. Si Dieu n'a pas retenu notre bras à Belgrade, c'était à n'en pas douter pour amener cet homme à la sagesse. D'autant plus qu'il ne doit pas ignorer qu'à huit ou dix jours de marche derrière nous arrive le pèlerinage conduit par Pierre l'Ermite, encore plus important que celui-ci.

Mathieu jette un coup d'œil de côté vers son compagnon. Une fois de plus, il est impuissant à démêler la part de sincérité et celle de malice qu'il met dans ses arguments.

Il n'en demeure pas moins que les faits donnent raison au moine. Nicétas se résout à laisser les croisés se ravitailler à bon marché. En revanche, alors qu'on s'éloigne à peine de Stredetz, un émissaire du basileus vient avertir Gautier Sans Avoir que désormais, un corps d'armée byzantin escortera ses gens et que tout acte de brigandage sera impitoyablement puni.

C'est donc en sages et pieux pèlerins, récitant prières et chantant cantiques que, dans les derniers jours de juillet de l'an 1096, les pillards de Belgrade viennent installer leur camp sous les murs de Constantinople.

Les jours passent dans l'attente de Pierre l'Ermite. Pour la majorité des pèlerins, cette pause est une bénédiction. Ils ne manquent dorénavant ni d'eau ni de nourriture ; leur seule préoccupation est de se protéger de l'ardeur du soleil. Les hommes de guerre, quant à eux, s'impatientent. Les Compagnons de la Sainte Croix rongent leur frein en maudissant les remparts de Constantinople. Une double muraille infranchissable, dominée tous les cent pas de colossales tours carrées. L'interdiction est formelle : aucun croisé n'est autorisé à entrer dans la ville.

– Sacredieu ! jure le Borgne. On m'a dit que là-dedans il n'y a pas un seul pauvre. On y mange dans des écuelles en or ; on y dort sur des lits de soie ; on y enterre les morts en les couvrant de pierres précieuses. Mais où sont les mahométans ? Qu'on puisse enfin en découdre !

– Calme-toi, lui conseille Thibault. Tu les verras bien assez tôt, les mahométans.

Mathieu, pour sa part, passe ses matinées à devenir un parfait écuyer et ses après-midi à chercher Madeleine, sans succès. Un matin, alors qu'il se prépare de nouveau à aller pourfendre et embrocher un mannequin de paille, à cheval et à pied, il est rejoint par Tersissius. Celui-ci a peigné sa barbe, brossé sa bure et s'est lavé les pieds, qu'il a d'ordinaire fort sales.

– Laisse là tout ton attirail de guerrier, fais-toi le plus humble possible et suis-moi.

– Mais, Thibault…

– Ne t'inquiète pas, je l'ai prévenu. Viens !

À la surprise du garçon, le moine se dirige droit vers une des portes de la cité. Au fur et à mesure qu'il s'en approche, sa boiterie habituelle devient une claudication d'infirme, son dos se voûte et il se met à tâter le sol de son bâton tel un aveugle.

– Soutiens-moi, ordonne-t-il à Mathieu. Fais comme si j'allais tomber.

C'est dans cette posture qu'ils se présentent devant le sergent du poste de garde. Une conversation s'engage, dont Mathieu ne comprend pas un traître mot. La voix du moine est celle d'un mourant. Le soldat, au début, se contente de montrer du doigt la direction d'où ils viennent. Le vieux insiste ; l'homme, visiblement, faiblit. Alors, Tersissius fouille dans sa besace et en tire un objet qu'il lui montre. Le garde soulève son casque pour se gratter la tête, puis fait signe à ses hommes de laisser passer.

Les deux pèlerins s'engagent dans une longue rue bordée de maisons modestes et de jardins. Dès qu'ils sont hors de vue, Tersissius se redresse, cesse de boiter bas et s'arrête. Un sourire ravi lui illumine le visage.

– Et voilà, dit-il simplement.

– Que lui avez-vous dit ?

– Des fariboles : que j'étais trop vieux ; que je n'atteindrai jamais Jérusalem ; que mes péchés ne me seraient pas pardonnés si je n'allais pas au moins me recueillir dans l'église Sainte-Sophie, avant de mourir.

– Vous lui avez parlé latin ?

– Latin ! Quel ignorant tu fais. Je lui ai parlé en grec, bien entendu. Ici, on parle grec, mon ami.

– Bien entendu. Et que lui avez-vous montré ?

– Oh rien ! Une babiole que m'avait donnée un personnage important de cette ville.

– Le basileus !

– Voyons, Mathieu, soyons sérieux !

Tersissius entreprend alors de retirer la croix cousue sur sa bure. Celle-ci ne tient d'ailleurs que par quelques fils.

– Mets ton bliaud à l'envers, intime-t-il à Mathieu. Ce n'est pas la peine de se faire remarquer.

La voie n'en finit pas de pénétrer dans la ville. À mesure qu'ils y avancent, les bâtiments qui la bordent deviennent plus importants, plus élevés. D'innombrables rues transversales y aboutissent. Les yeux écarquillés, Mathieu marche dans une circulation de plus en plus dense de piétons, de cavaliers et de véhicules de toutes sortes. Il n'arrive pas à croire qu'une telle opulence, une telle richesse puissent être ainsi offertes à ses yeux.

Il lève la tête. Au-dessus de lui, et sur des centaines de pas, une succession d'arches immenses, sur lesquelles s'alignent d'autres arches encore. Il est pris de vertige.

– Pourquoi y a-t-il un pont ici ?

– Ce n'est pas un pont, c'est un aqueduc.

– Un aqueduc ?

– Tout là-haut court un canal qui conduit l'eau vers les jardins du palais de l'empereur.

– Ce sont des hommes qui ont construit cela ?

– Oui, mon fils ; et il y a bientôt mille ans.

Ils traversent une vaste place carrée au centre de laquelle se dresse une colonne sculptée de bas-reliefs. Mathieu a juste le temps de deviner des scènes de batailles et de gloire.

– Le forum de Théodose, dit simplement le moine.

Ils s'engagent dans une rue adjacente et s'arrêtent devant le porche d'entrée d'une demeure. La main du moine trouve immédiatement un heurtoir de bronze. Un seul coup suffit pour qu'une poterne s'entrebâille sur un serviteur qui jette un coup d'œil à l'objet présenté par Tersissius. Le battant s'ouvre largement.

CHAPITRE XVI

Accompagnés du portier, les deux visiteurs pénètrent dans une cour intérieure ombragée par un vélum de toile blanche. Une fontaine alimente un bassin rectangulaire dont le fond et les parois sont recouverts de mosaïque. L'air chaud et sec des rues ne semble pas pouvoir parvenir jusqu'ici.

Un vieillard sort d'une des ailes de la demeure et s'avance. Il est vêtu d'une longue robe et coiffé d'une toque cylindrique en tissu noir, sans aucun ornement. En revanche, la croix du long chapelet qu'il porte autour du cou scintille d'une dizaine de pierres précieuses. Son épaisse barbe blanche ajoute encore à la prestance de son maintien. Face à lui, le moine est un pitoyable épouvantail. Quant à Mathieu, jamais il ne s'est senti aussi insignifiant.

L'homme marque une courte hésitation, avant de s'avancer à grands pas, les bras tendus.

– Tersissius ! s'exclame-t-il.

L'accolade qu'ils se donnent semble ne pas devoir prendre fin. Leur émotion est tellement sincère et puérile à la fois, que Mathieu se surprend à en sourire. La barbe de l'un sur l'épaule de l'autre, ils s'étreignent en parlant et en s'esclaffant ; puis ils s'écartent pour s'examiner réciproquement, avant de s'embrasser de nouveau.

Ils reprennent enfin calme et dignité et se lancent dans une longue conversation, le moine répondant aux questions dont le presse le Byzantin. Ne sachant trop que faire, Mathieu s'approche du bassin et plonge ses mains dans l'eau pour s'en asperger le visage, ce qui rappelle sa présence à Tersissius. En le désignant du doigt, celui-ci paraît faire une requête à son compagnon, qui approuve en riant. Il frappe trois fois dans ses mains.

Immédiatement apparaît un jeune garçon vêtu d'une longue tunique. Il s'incline devant le maître de maison, l'écoute avec déférence, puis, prenant Mathieu par le coude, il l'entraîne à l'intérieur de la maison. À l'extrémité d'un long corridor, il pousse une porte et le fait entrer dans une salle étrange. Elle est carrelée de blanc, et en son centre est creusé un bassin dont l'eau laisse échapper une légère vapeur.

Par gestes, le serviteur signifie au jeune homme de se dévêtir et d'entrer dans l'eau. Effaré et très gêné, Mathieu pense un moment à s'enfuir, mais la peur du ridicule l'emporte : il s'exécute. Tant sur la tenure que pendant le pèlerinage, ses ablutions, comme celles de tout un chacun, étaient partielles, rapides et sommaires. Les flots du Danube n'étaient pas très engageants et, il faut bien le dire, le troupeau humain de la croisade puait horriblement.

Le bien-être est tel dans la tiédeur du bassin que l'écuyer de Thibault de Cercy se sent pris de somnolence, et c'est à peine s'il remarque que le garçon s'absente un moment, pour revenir portant un paquet de linge qu'il pose sur un banc. Après quoi, il fait signe à Mathieu de sortir de l'eau et lui jette un drap sur les épaules pour qu'il se sèche. Le jeune homme n'est toujours pas revenu de sa stupeur qu'il se trouve assis sur un tabouret, alors que l'autre démêle sa tignasse blonde à l'aide d'une brosse aux poils rudes et, sans préavis, lui en rogne un bon pouce à coups de ciseaux. Sur le banc, à côté de ses hardes, il découvre des hauts-de-chausse et une chemise de toile immaculée, ainsi qu'une paire de chaussures en cuir.

Dans l'atrium, Tersissius est assis à l'ombre, un gobelet à la main. Lorsqu'il voit s'approcher Mathieu, il pouffe de rire dans sa barbe.

– Les Byzantins, dit-il, ont l'étrange manie de se laver chaque fois qu'ils le peuvent. Les mahométans aussi d'ailleurs. Par Dieu, ta jouvencelle ne va pas te reconnaître. Bien ! Assieds-toi là, et parlons sérieusement. Quelqu'un va te reconduire aux portes de la ville.

– Vous ne venez pas !

– Je vais te faire un aveu. Je n'irai pas à Jérusalem. Ma croisade s'arrête dans cette ville, où j'ai déjà séjourné et que je n'aurais pas dû quitter. À Cluny, en Bourgogne, je n'ai pas trouvé ce que je cherchais. Ici, peut-être…

– Qui est l'homme à la robe noire qui nous a reçus ?

– C'est un proche du patriarche de Constantinople.

– Mais le patriarche est un schismatique, un anti pape !

– Sans doute. Mais il sert le même dieu que le nôtre, et tout compte fait, je me demande si les mahométans…

– Oh, mon père !

– Oui, oui… Vois-tu : schismatique, blasphémateur, sacrilège et pourquoi pas hérétique, tout cela commence à lasser ma pauvre cervelle qui ne rêve que de paix et de sagesse. Va maintenant. J'aurais voulu te montrer la basilique Sainte-Sophie, mais nous n'en avons pas le temps.

– Mon père, je… Je vous aime bien.

– Moi, j'ai de l'espoir pour toi. Tu manies un peu la plume, pas trop mal l'épée, paraît-il. Tu seras peut-être un jour chevalier, mais ne trahis jamais l'homme que tu es. Allez, va-t'en ! Ah j'oubliais : reprends tes guenilles en sortant de la ville, et n'oublie pas de remettre ton bliaud à l'endroit pour qu'on voie bien ta croix.

L'arrivée des croisés de Pierre l'Ermite n'a pas été l'événement heureux qu'on attendait. La multitude des nouveaux pèlerins est infestée de bandes de pillards flamands et germains qui se sont joints à eux au long du parcours. Le sac de Belgrade par les troupes de Gautier Sans Avoir n'était rien en comparaison de ce qu'avait commis cette populace incontrôlable. Le grand prédicateur avait perdu toute emprise sur eux.

Ils ont entrepris de dévaster systématiquement les fermes et les villages grecs des alentours de Constantinople ; certains sont même parvenus à pénétrer dans la ville, puis dans les églises, tant est forte leur avidité d'or et d'objets précieux. Des citadins ont été assassinés dans leurs demeures.

Las d'espérer l'arrivée des barons d'Occident et de leurs armées, Alexis Comnène décide de se débarrasser des parasites qui assaillent sa ville en les conduisant, de gré ou de force, sur le sol d'Orient : là où ils désirent tant aller, mais où les Turcs les attendent.

Si bien qu'un matin du mois d'août, les croisés sont éveillés à coups de trompes, de cymbales et gongs. Une armée du basileus, venue de l'intérieur du pays, a encerclé le campement. Avec méthode, mais aussi avec énergie, les soldats impériaux entreprennent de repousser le troupeau des pèlerins vers la rive du détroit, au-delà duquel commencent les terres d'Orient. Une flotte de navires byzantins y est amarrée.

Turpin d'Étampes, Thibault de Cercy et Tancrède de Champrepus ont vite pris leur décision. En un instant, leurs hommes se sont regroupés et mis en ordre de marche.

– À cheval, Mathieu ! crie Thibault. Si ton vieux clerc était là, il te dirait sûrement que lorsqu'il a fallu franchir la mer Rouge, Moïse est passé le premier. Nous serons les premiers. Ce sera beaucoup mieux ainsi, crois-moi.

Voyant arriver cette troupe déterminée, le capitaine d'une des galères byzantines abat les passerelles et, en un instant, l'embarque : les hommes, leurs montures et leur bagage. Les amarres sont retirées et les rames entrent en action. Le bateau s'élance.

Mathieu ne sait plus où porter ses yeux : sur la rive qui s'éloigne et où, déjà, s'entasse une cohue inimaginable ? Sur les dos des rameurs qui peinent à leur banc ? Sur la grande voile carrée qui se déploie dans un claquement sonore ? Sur le sillage qui se creuse derrière l'embarcation ? Ou là-bas, sur le rivage d'Asie qui se rapproche ? Une furieuse exaltation le saisit, qu'il ne peut exprimer que par un mot unique : Jérusalem ! Et lui, l'homme destiné à demeurer les pieds englués dans la glèbe, il ne s'étonne pas de voguer sur la mer.

Une main lui empoigne l'épaule. Le Borgne est là, le visage décomposé par la terreur.

– Mathieu. Je viens te dire adieu. Tout cela est trop grand, trop lourd, trop… La terre est trop loin. Nous allons tous périr dans ce maudit Danube.

– Ce n'est pas le Danube, idiot ! C'est un bras de mer, de l'eau salée. On l'appelle le Bosphore, le « passage du bœuf », parce que dans le monde des Anciens, un bœuf l'a traversé à la nage. *Bos* veut dire « bœuf » en grec.

– Ah bon…

Devant autant d'érudition, le Borgne retrouve son calme. Il a cru entendre la voix de Tersissius.

À mesure qu'elle débarque, la colonne des croisés est de nouveau encadrée par l'armée byzantine, puis dirigée vers l'est. Les Compagnons de la Sainte Croix sont devenus, du moins en apparence, de véritables soldats et tiennent honorablement leur rôle d'avant-garde. Mathieu, à qui on a procuré une lance, fait bonne figure parmi les autres cavaliers.

Le paysage, sur cette terre, n'est guère différent de la campagne qui entoure Constantinople. La vallée dans laquelle la troupe chemine est tapissée de chaumes et d'herbes jaunies ; des taches de verdure au moindre point d'eau, et des collines sans végétation où percent des roches ocres, aux contours tourmentés.

Cependant, les rafales de vent qui viennent de l'intérieur des terres ont une saveur différente. Elles annoncent déjà l'immensité des déserts dans laquelle ces étrangers, venus du nord, vont témérairement s'engager. Mathieu se répète les leçons du moine : l'Anatolie, la Syrie, la Palestine, Jérusalem : des centaines et encore des centaines de lieues…

Une nuit passée sous des étoiles inconnues et, le lendemain, vers midi, apparaissent les fortifications d'un vaste camp retranché. Il ne s'agit en fait que d'un haut talus de terre précédé d'un fossé. Les croisés y pénètrent, pour découvrir des alignements de tentes et d'abris, dont la plus grande partie est affaissée au sol. Tout semble abandonné, à l'exception d'un quartier occupé par une bande de soudards. Ils regardent les nouveaux venus sans aucune aménité. Il suffit d'un coup d'œil à Tancrède...

– Des Normands, déclare-t-il. J'y vais.

Il revient quelques instants plus tard.

– Ce sont bien des Normands, confirme-t-il.

– Des croisés ? demande Turpin.

– Ah non ! Pas du tout. Ce sont des Normands de Sicile, qui se sont d'abord engagés comme mercenaires au service du basileus. Leur chef s'appelle Renaud. C'est un forcené. Il veut prendre d'assaut la ville de Nicée, à vingt-cinq lieues à l'est, et qui est occupée par les Turcs. Il espère se conquérir un royaume et compte sur les croisés pour l'aider.

– Et où sommes-nous ici ?

– C'était un camp de mercenaires petchenègues qui devait garder la frontière. Ils se sont enfuis chez les Turcs. On appelle cet endroit Civitot.

CHAPITRE XVII

Pierre l'Ermite et Gautier Sans Avoir ont envoyé plusieurs délégations à Nicée auprès du sultan turc Kilij Arslan. La réponse a toujours été la même : les pèlerins n'obtiendront droit de passage qu'à la seule condition que le basileus renonce à ce qui lui reste de territoires à l'est du Bosphore. Pierre a insisté, supplié, répété que son seul désir était d'atteindre Jérusalem et d'obtenir des Sarrasins l'accès libre aux Lieux saints. Sa dernière ambassade n'est pas revenue.

Son unique espoir est maintenant d'attendre l'arrivée de la croisade des barons et seigneurs, qui, l'épée à la main, ouvrira le passage. S'est-elle enfin mise en marche ? Il n'en sait rien. C'est pourquoi il décide de retourner à Constantinople pour tenter d'avoir des nouvelles. En son absence, ses troupes, qu'il avait déjà du mal à contrôler, deviennent folles. Folles d'impatience et de privations, folles d'être des dizaines de milliers entassés dans cette forteresse devenue prison. Alors, des bandes se répandent dans les campagnes environnantes, pillant et massacrant sans s'inquiéter de savoir s'ils sont en territoire byzantin ou turc. Qu'importe d'ailleurs, puisque leurs victimes sont toutes les mêmes, de malheureux paysans qui arrachent leur subsistance à la terre sauvage d'Anatolie.

Les Compagnons de la Sainte Croix ne sont pas les derniers à agir ainsi. Leurs expéditions s'avèrent fructueuses, car ils sont gens de métier. Thibault de Cercy ferme les yeux sur leurs agissements.

Un soir, au retour d'une de ces sorties, le Borgne retrouve Mathieu. Bien que toujours ferme sur ses jambes, l'ancien bûcheron est manifestement ivre.

– Messire écuyer, ce que j'ai à te dire va te surprendre, mais c'est la vérité vraie. Les habitants du village que nous avons visité aujourd'hui sont des païens, ça ne fait aucun doute. Mais le vin qu'ils font est meilleur que celui des chrétiens de Bourgogne. Donc ! On peut être païen et pas complètement mauvais. C'est pourquoi nous les avons laissés en vie.

– Tu es soûl, le Borgne, et tu n'es qu'un bandit !

– Ça, c'est vrai, et toi aussi. Si je me souviens bien, sous la manche de ta belle chemise, tu es marqué de la même croix que la mienne. Mais je t'aime bien et je voulais te faire un cadeau.

Le Borgne fouille sous ses hardes et en retire un collier de grosses perles d'une matière mate et dorée.

– Je te le donne, pour ta donzelle. On m'a dit que c'était de l'ambre ; ça porte bonheur.

– Je n'en veux pas. Tu l'as volé !

Le larron prend un air peiné qui tromperait sa propre mère.

– Justement pas ! Comme je voulais te l'offrir, je l'ai acheté en bonne et due forme.

– Avec de l'or que tu avais volé.

– Bah… Tu trouves toujours à redire à tout. Tu n'en veux pas ?

Il a la mine si dépitée que Mathieu se laisse attendrir et tend la main.

– De toute manière, je n'arrive pas à savoir ce que sont devenus Madeleine et ses parents.

– Moi, je le sais.

– Tu les as cherchés ?

– Pas vraiment. C'est plutôt par hasard, tu vois… Ils sont tout un troupeau qui campe là-bas, au bord de la mer. Ils disent que, eux, ils sont de vrais et honnêtes pèlerins, et que leur seule arme sera toujours la croix qu'ils portent sur la poitrine. Ils ne veulent pas être mêlés à des bandits comme nous. Les Compagnons et moi, on est allés leur souhaiter le bonsoir, pour leur expliquer qu'on était là pour les protéger.

– Et en échange, vous avez prélevé votre dîme.

– Pas grand-chose. Je ne pouvais pas savoir que ta damoiselle était parmi eux.

– Et pour te faire pardonner, tu veux que je lui donne ce collier.

– Ben voilà.

Le lendemain, Mathieu regagne le camp fortifié la mort dans l'âme. Sa rencontre avec Madeleine a été plus désastreuse qu'il ne le craignait.

– Si tu viens faire la quête, c'est trop tard. Tes amis nous ont tout pris. C'était facile, puisque nous avons juré de ne jamais lever la main sur personne.

– Tu as encore tes chèvres ?

– Mon père les a tuées ce matin. C'était ça ou mourir de faim.

– Madeleine, je voudrais… Je crois que je t'aime.

– La belle affaire ! Si c'est vrai, reste ici, avec nous. Donne-nous ton cheval et jette à la mer cette épée, cette cotte et ce casque ridicule.

– Je ne peux pas. J'ai prêté serment…

– Alors va-t'en.

C'est à peine si elle a jeté un coup d'œil au collier d'ambre avant de le repousser.

– Tu m'as déjà fait un cadeau : la croix de ta sœur. Elle, je la garde. Tu avais raison : tu ne la mérites pas.

– Pourquoi es-tu si méchante avec moi ?

– Peut-être parce que, moi aussi, j'ai bien failli t'aimer.

S'armant de tout son courage, Mathieu va trouver Thibault. Bien que ce dernier soit visiblement d'humeur ombrageuse, il ose demander :

– S'il vous plaît, messire, déliez-moi de mon serment. Je ne veux plus être homme de guerre.

– Et que veux-tu être ?

– Un homme libre.

Thibault fronce le sourcil ; la cicatrice de sa joue s'empourpre, mais il domine sa colère.

– Écoute-moi, Mathieu. Ce n'est pas aussi facile que cela. Peut-être as-tu trahi les tiens en devenant mon écuyer, mais tu ne peux pas trahir de nouveau ; me trahir moi ! Pas maintenant en tout cas : je vais avoir besoin de toi. Je peux comprendre que ta conscience te chagrine ; la mienne ne me laisse guère en repos. Nous en reparlerons plus tard ; ce qui se prépare ne nous en laisse pas le loisir.

Mathieu a vite fait d'apprendre que, le matin même, les Normands de Renaud de Sicile ont quitté le camp retranché. Ils ont décidé de ne plus attendre pour affronter les Turcs et assaillir Nicée.

Pendant trois jours, Civitot est en effervescence et il faut toute l'autorité de Gautier Sans Avoir et de ses lieutenants pour empêcher les plus acharnés des croisés d'entraîner les autres sur les traces des Siciliens. Certains prêcheurs s'en mêlent en proclamant que désormais, la croix doit faire place au glaive et que la route de Jérusalem ne pourra être ouverte que dans le sang des infidèles.

Des nouvelles contradictoires sèment la confusion. Répandu de bouche en bouche, sans qu'on en connaisse l'origine, le bruit court que les Siciliens ont pris d'assaut une forteresse à proximité de Nicée, mais que très vite, les mahométans l'ont reprise. Pour échapper à la mort, Renaud et quelques-uns des siens auraient abjuré la foi chrétienne. Les autres, tous les autres, auraient été passés au fil de l'épée, massacrés sur place.

En revanche, des individus qui se prétendent citoyens byzantins de Nicée proclament que Renaud et ses

Normands de Sicile ont pris la ville, qu'ils en sont les maîtres et qu'ils ne savent plus que faire des trésors qu'elle recèle. La fortune est à portée de main, la route de Jérusalem est ouverte.

Accablé de chaleur, d'impatience et de faim, Civitot entre en ébullition. Comme un flot qui rompt sa digue, la foule innombrable des gueux se rue hors des fortifications et se répand dans la plaine aride. « À Jérusalem ! À Jérusalem ! » hurle-t-on de toutes parts.

Gautier Sans Avoir a regroupé ses hommes de guerre autour de lui.

– Messeigneurs, nous n'avons plus le choix. Le pèlerinage est fini. Vive la guerre !

– Vive la guerre !

Lance au poing, Mathieu chevauche aux côtés de Tancrède de Champrepus et de Thibault.

– Tu ne veux toujours pas faire la guerre, Boveret ? s'enquiert ce dernier. Il y a fort à parier que Renaud n'ait jamais pris Nicée et que nous allions droit dans un piège tendu par le sultan turc. Tu peux encore t'enfuir ; je ne t'en empêcherai pas.

– Non, plus maintenant.

– Alors, bats-toi, sauve ta vie. Et si tu le peux, aide-moi à sauver la mienne.

CHAPITRE XVIII

La piste qui conduit vers Nicée, après avoir traversé une vaste plaine, s'engage entre des collines parsemées de buissons ou d'herbe rase et desséchée. Les croisés y pénètrent dans une cohue invraisemblable, sans ordre de bataille, les manants désarmés se mêlant aux soldats ; des femmes et des enfants aussi, qui n'ont pas voulu demeurer dans le camp retranché. Chacun n'a qu'un désir : être le premier à entrer dans la ville pour manger, boire et piller ce que les Siciliens auront bien voulu laisser.

Turpin d'Étampes, suivi de Thibault et de son écuyer, rejoint Gautier Sans Avoir qui chevauche en tête.

– Messire, je n'aime pas cela. Si on nous a tendu un piège, nous sommes exactement là où il faut pour tomber dans une embuscade. Il vaudrait mieux…

Gautier se retourne sur sa selle et désigne de la main la foule qui le suit.

– Je sais, Turpin, mais regarde : ce n'est plus moi qui les conduis, ce sont eux qui me poussent en avant. Je ne veux croire qu'en une chose : quoi qu'il se produise maintenant, c'est Dieu qui l'aura voulu.

Puis, élevant la voix au milieu du vacarme :

– Notre cause est juste ! J'interdis à quiconque d'en douter. Jérusalem !

– Jérusalem…

Comme un écho cent et cent fois répété, le cri se répand dans la vallée, s'amplifie pour devenir une immense clameur : « Jérusalem ! »

D'un coup, les cris s'éteignent. Les Turcs sont là. Des cavaliers qui, sur plusieurs rangs, ferment le passage. Le soleil se reflète sur les armes, les cottes, les boucliers. Des turbans blancs, noués autour des casques, flottent dans le vent. Leurs petits chevaux, la robe luisant de sueur, piaffent et se cabrent d'impatience.

La stupeur s'abat sur les chrétiens. Aucun d'entre eux ne parvient à croire à la réalité de ce qu'il voit. Et enfin, un hurlement féroce :

– Chargez !

Tancrède, le Normand, à la tête de ses hommes, s'élance, la lance brandie. Gautier dégaine son épée et charge aussitôt. Puis Turpin et Thibault, qui crie à Mathieu :

– Reste derrière moi ! N'attaque pas ! Ne fais que me prêter main-forte si tu me vois en mauvaise posture.

Au pas de course, les hommes d'armes à pied suivent comme ils le peuvent les cavaliers. Derrière eux, la foule des pèlerins, qui s'est immobilisée en une masse compacte, hurle de terreur, car en un instant les flancs du vallon se sont couverts d'une multitude d'archers turcs. Les arcs se tendent : deux nuées de flèches s'élèvent vers le ciel, se rejoignent au-dessus des croisés et, dans un bourdonnement effroyable, s'abattent sur eux.

Mathieu n'a pas le temps de comprendre ce qui se passe derrière lui ; déjà, il est absorbé dans une mêlée affolante de mouvements et de bruits. Dès le premier choc, il a perdu sa lance, sans savoir si elle avait atteint un adversaire. À grands coups d'épée, il fauche au hasard autour de lui.

Soudain, il aperçoit un cavalier turc qui, un long épieu en main, se rue sur Thibault pour le prendre de côté. Sans hésiter, Mathieu éperonne brutalement et s'interpose. Au moment où le mahométan va frapper, sa monture bronche, la pointe de l'épieu s'abaisse, manque d'un pouce la cuisse de l'écuyer et s'enfonce dans le flanc de son cheval, qui s'effondre.

Lorsqu'il reprend conscience, Mathieu est saisi d'un effroi dont il comprend bientôt la cause. Le silence ! Un silence incroyable après le vacarme de la bataille. Une main le secoue sans ménagement.

– Sacredieu, tu n'es pas mort !

Le Borgne est couvert de sang, mais indemne. Le sol est jonché de corps sans vie. Parmi eux, des blessés essaient de se relever. Des chevaux sans cavalier errent aux alentours. Des hommes tentent de les approcher. Leur victoire a coûté cher aux Turcs et les survivants ont quitté le champ de bataille.

Mathieu se remet sur pied, ramasse son épée et son casque. Celui-ci est à demi enfoncé : sans doute le sabot d'un cheval quand il a roulé à terre. À proximité, des hommes font cercle autour d'un blessé allongé sur le sol. Il reconnaît au premier rang Turpin et quelques-uns des Compagnons de la Sainte Croix.

Thibault de Cercy est encore en vie, mais le sable d'Anatolie boit avidement le sang qui s'écoule de sa blessure au côté. Il fait signe à Mathieu de s'approcher de lui.

– Agenouille-toi. Vite ! Je n'ai plus beaucoup de temps.

Péniblement, il se redresse, prend son épée posée près de lui, et du plat de celle-ci, touche l'épaule de l'écuyer.

– Devant Dieu, devant Turpin d'Étampes, devant mes derniers compagnons, je te fais chevalier. Cette épée est maintenant la tienne. Tends-moi la main droite.

Il retire de son index une large bague, frappée d'armoiries, et la glisse à celui de Mathieu.

– À partir de ce jour, tu n'es plus Mathieu Boveret que pour toi-même, et aux yeux de Dieu à qui rien ne peut être caché. Aux yeux des hommes, je veux que tu sois le chevalier Thibault de Cercy.

– Qu'il en soit ainsi, confirme Turpin.

– *Amen*, murmurent les hommes rassemblés.

Le blessé se laisse aller sur le dos. Sa voix n'est plus qu'un souffle, que seul Mathieu peut saisir.

– Je te donne mon nom, je te donne ma vie. Je te donne aussi mon tourment. Si, un jour, tu retournes en Bourgogne, va trouver Guermande de Cercy, montre-lui la bague et dis-lui…

Dans un dernier effort, le seigneur banni touche la cicatrice de sa joue, puis sa tête retombe sur le côté. Mathieu reste un moment hébété, accablé tant par la mort du chevalier que par la destinée qui vient de s'ouvrir devant lui. Une destinée qu'il ressent comme une condamnation. La poigne rude du Borgne le saisit et le remet debout.

– Allez, messire Thibault ! Le corps de Gautier Sans

Avoir est là-bas, sans sa tête. Tancrède est mort, et tous ses fous de Normands avec lui.

– Nous avons perdu les trois quarts de nos hommes d'armes, ajoute Turpin. Il faut se replier sur Civitot au plus vite. Je ne comprends pas pourquoi Kilij Arslan ne nous a pas exterminés jusqu'au dernier.

Ils ne sont plus que quelques centaines à battre en retraite, et celle-ci est un calvaire. Il leur faut traverser un champ de carnage et de désolation. Les archers turcs, une fois leurs carquois vides, se sont évanouis derrière les collines. Les chrétiens doivent, pour progresser, se frayer un chemin parmi une immense jonchée de morts et d'agonisants. Les corps sont lardés de flèches à l'empennage coloré. Mathieu ne peut s'empêcher de revoir les bleuets et les coquelicots des champs de blé d'Auvergne. Montant un cheval dont le cavalier gît quelque part dans le sable, il regarde la bague qui orne son doigt, en se répétant : « Je ne suis pas Thibault de Cercy, je ne suis pas Thibault de Cercy. » Mais il se sait dorénavant condamné à l'être.

Le camp de Civitot est gagné par la panique. Plusieurs milliers de pèlerins, qui ne l'ont pas quitté ou qui ont survécu à l'embuscade, hommes, femmes et enfants, vont et viennent comme des bêtes prises au piège. Des moines et des prêtres parcourent la foule en l'exhortant à subir le martyre pour l'absolution des péchés du monde. On crie et on pleure, on s'insulte et on prie.

Turpin d'Étampes a vite pris sa décision :

– Nous ne pouvons pas rester en ce lieu. Le camp est indéfendable et les Turcs vont nous tomber dessus d'un moment à l'autre. À trois lieues d'ici, il y a une citadelle abandonnée, au bord de la mer. Nous allons nous y retrancher.

– Mais les pèlerins ! s'insurge Mathieu.

– Qu'ils crèvent ! Ils sont venus jusqu'ici pour que s'ouvrent devant eux les portes du ciel ; eh bien, elles leur sont ouvertes !

Le surlendemain, une centaine de misérables se présentent sous les murs du bastion où se sont réfugiés ceux qui sont encore en mesure de se battre. Ils viennent implorer la protection des hommes d'armes. Mieux que les mots, leurs yeux disent ce qu'ils ont vu : il n'y a plus un chrétien vivant dans Civitot. Les Turcs n'ont pas fait de quartier. La terre ne parvient même plus à étancher le sang. Ces survivants doivent leur salut à la chance, qui les a éloignés du camp au moment de l'attaque. La croisade des gueux, la croisade des pauvres gens, ne sera pas allée plus loin qu'à mi-chemin de Jérusalem.

Mathieu est alors saisi d'une terrible appréhension : Madeleine ! Hissant le Borgne sur un cheval, il l'entraîne jusqu'à la crique où elle l'avait rejeté en l'accusant de la trahir. Le spectacle est pire que ce qu'il redoutait. Survolés par une nuée d'oiseaux rapaces, la plage et ses environs ne sont qu'un charnier. Les têtes tranchées au sabre ont roulé loin des corps. Certains de ces derniers sont demeurés à genoux, la position dans laquelle ils ont été mutilés. Il est visible que personne n'a tenté de se défendre.

Le cœur au bord des lèvres, les yeux brouillés de larmes, Mathieu titube entre les cadavres, cherchant celui qu'il redoute de découvrir. C'est le Borgne qui, le premier, constate l'évidence :

– Ils n'ont tué que les hommes, tu vois bien.

– Alors, où sont les femmes et les enfants ?

– Ils les ont emmenés. On m'a dit que les Turcs enlevaient les enfants chrétiens pour en faire des mahométans. Les femmes, je ne sais pas trop. Quand elles sont jolies comme ta donzelle…

– Tais-toi !

– Oui, messire chevalier. Mais moi, je ne reste pas un instant de plus ici. Ma tête n'est pas très belle à voir, mais j'aime quand même mieux la garder sur mes épaules. Il faut rejoindre les nôtres avant que les mahométans ne rappliquent.

CHAPITRE XIX

Les Turcs n'ont fait aucune tentative pour prendre la citadelle d'assaut. Ils savent que le millier de soldats qu'elle renferme n'acceptera pas le martyre comme l'a fait la majorité des pèlerins. Ils vendront chèrement leur vie. Kilij Arslan a donc ordonné à ses troupes de mettre le siège devant la place forte, et d'attendre que la faim et la soif accomplissent leur œuvre.

Quatre jours se sont déjà écoulés ; le manque d'eau devient un supplice atroce. Les hommes sont prostrés partout où ils peuvent trouver de l'ombre. Certains ne sont pas loin de s'entretuer pour une gorgée d'un liquide boueux et fétide stagnant au fond d'une citerne. Chacun voit dans la survie de l'autre un danger pour la sienne. Mathieu va trouver Turpin. La rage et la peine lui troublent l'esprit.

– Il faut tenter une sortie avant que nous ne soyons trop affaiblis ! Quelques-uns d'entre nous pourront peut-être s'échapper et regagner les terres de Byzance.

– Les Turcs sont cinq fois plus nombreux que nous. C'est sans espoir.

– Est-ce qu'il y a un espoir à rester ici ? J'aime mieux mourir en me battant que crever dans ce piège.

Turpin regarde le jeune homme avec considération.

– Je crois que tu mérites d'être chevalier. Faisons un marché : attendons encore deux jours.

– Pour quoi faire ?

– Pour laisser à Dieu le loisir de nous porter secours.

Mathieu a le rire amer qu'il a souvent entendu dans la gorge du Borgne.

– Dieu ! Qu'a-t-il fait jusqu'à présent pour nous aider, alors que nous défendons sa cause ?

– Un chevalier ne blasphème pas, Thibault de Cercy, et ne permet pas aux autres de le faire. Crache sur le sol pour ôter de ta bouche ce que tu viens de dire !

De mauvais gré, Mathieu obéit. Turpin lui pose la main sur l'épaule.

– Dans deux jours, à l'aube. Tu as ma parole.

Le lendemain matin, alors que va débuter une

nouvelle journée de souffrances, des cris éclatent sur le rempart qui domine le rivage. Éveillés de leur torpeur, les assiégés s'y précipitent. Surgie de la haute mer, une flottille de navires se presse dans la rade. Un nombre considérable de soldats en débarque et se met en ordre de bataille. À leurs oriflammes, Mathieu reconnaît les Byzantins.

Les Turcs, quant à eux, ont renoncé à l'encerclement du fort et se sont regroupés hors de portée de flèches.

– Ouvrez les portes, ordonne Turpin. Formez-vous sur quatre rangs à l'extérieur des remparts. Attendez mon commandement avant de faire quoi que ce soit.

Les trois troupes restent longuement sur leurs positions, dans un silence impressionnant. Chacun pressent que le moindre mouvement, le moindre cri peut déclencher la bataille.

Enfin, des rangs des Turcs se détachent deux cavaliers qui s'avancent lentement. L'un d'eux brandit une pièce de tissu blanc. Aussitôt, deux Byzantins aux casques empanachés font de même.

– Suis-moi, dit Turpin à Mathieu. Nous avons notre place là-bas.

Dans un cérémonial étrange, les six cavaliers se réunissent au milieu du champ clos, délimité par les trois armées.

L'un des mahométans, un personnage d'importance si on en croit son équipement, prononce quelques phrases, que le second traduit en grec. Un Byzantin, péniblement, les retransmet en langue franque à l'intention des croisés.

– Le sultan Kilij Arslan vous accorde sa grâce. Il dit que… vous ne méritez pas qu'on s'entretue pour vous. Il vous laisse embarquer sur nos navires. Son armée attendra notre départ avant de se retirer.

Turpin d'Étampes tire son épée du fourreau et, la tenant par la lame, la tend au chef turc. Celui-ci, d'un geste négligent, la refuse.

– Un jour, dit le chevalier, cet affront sera payé !

Le Byzantin se dispense de traduire.

Les rescapés de Civitot sont débarqués dans un des ports de Constantinople et, à leur grande surprise, les portes de la ville s'ouvrent pour eux. On les accueille dans des bâtiments militaires où on leur fournit logis, nourriture et vêtements. Les soldats byzantins leur manifestent même un certain respect.

Mathieu a demandé à Turpin l'autorisation d'aller retrouver Tersissius, chez le prélat de Byzance.

– Thibault de Cercy n'était pas mon vassal, répond le baron. Si, plus tard, tu décides de mettre de nouveau son épée à mon service, tu seras le bienvenu parmi les chevaliers qui bientôt me rejoindront. Pour l'heure, tu es libre.

Au bord du bassin, dans l'atrium ombragé, le moine s'est permis un peu d'émotion en serrant le jeune homme contre lui.

– J'ai appris le désastre. C'était prévisible, mais j'avoue avoir eu peur pour toi. Maintenant, raconte-moi ce qui t'est arrivé.

Mathieu raconte ; le vieil homme, patiemment, le laisse parler. Les yeux fermés, il écoute. Puis, comme de coutume, il répond volontiers aux questions de son disciple.

– Comment les Byzantins ont-ils su que nous étions assiégés dans cette citadelle ?

– Le basileus a de bons espions, qu'il paie très cher. Il est bien informé de ce qui se passe chez les mahométans. Il est aussi très habile à tromper les espions turcs qui grouillent dans Constantinople.

– Pourquoi nous a-t-il sauvés ? Alors qu'il a laissé périr la quasi-totalité des croisés.

– Cela s'appelle un acte politique, mon ami. Il n'ignore pas que de grands seigneurs comme Godefroi de Bouillon, Raymond de Toulouse, Robert de

Normandie marchent déjà vers Constantinople et Jérusalem. Ce qu'ils commandent, ce sont de véritables armées, pas des bandes de pouilleux inutiles et embarrassants comme nous l'étions.

– Mais pourquoi nous est-il venu en aide ?

– Le bon Alexis le premier espère bien qu'en reconnaissance de quelques actes de bienveillance comme celui-ci, qui ne lui coûtent pas trop, il obtiendra l'aide des croisés pour reprendre les terres que les Turcs lui ont volées en Anatolie. Nicée, par exemple. Tu le sais aussi bien que moi. Vous avez été une monnaie d'échange.

Tersissius fait plusieurs fois le tour du bassin, les mains derrière le dos. Il revient vers son élève.

– Tu veux toujours aller en Terre sainte ?

– Plus que jamais ! Je dois…

– Je sais, je sais. Toutefois, ne te fais pas d'illusions, mon fils. Tu as moins de chances de revoir la damoiselle aux yeux verts que de trouver une aiguille dans une botte de foin. Mais sait-on jamais ? Maintenant que tu es noble homme, tu auras ta place dans l'armée des barons.

– Et qu'y ferai-je, sinon tuer ou me faire tuer ?

– Je n'ai pas la prétention de prévoir l'avenir, je te l'ai déjà dit. Cependant, la croisade ne sera pas une guerre comme les autres. De ceux qui s'y sont aventurés, elle peut faire des hommes nouveaux. En pire ou en meilleur, ça, je ne le sais pas. Une chose est certaine : tu seras un de ces hommes nouveaux. Tu l'es déjà.

– Je ne suis pas Thibault de Cercy. C'est une supercherie, un mensonge !

– Il faudra pourtant bien que tu t'y fasses. Tu commences d'ailleurs à lui ressembler. Sur ce point, la parole de Turpin d'Étampes, le témoignage de ses hommes et de tes compagnons survivants feront foi.

Un vertige saisit Mathieu : peut-on vivre la vie d'un autre ? Tersissius a deviné son interrogation.

– Un nom n'est qu'un masque, Thibault, il ne t'empêchera pas d'être toi-même.

– Et si je retourne un jour en Bourgogne, comme il me l'a demandé ? J'ai plusieurs années de moins que lui, sans parler de sa cicatrice. Qui me croira ?

– Ah ! Là-bas, ce sera une autre affaire. Il ne tiendra qu'à toi d'affronter ou non cette épreuve. Ce sera risqué. Quoique…

Le moine a cette grimace insouciante et ce petit rire qui le rajeunissent de vingt ans.

– Tu sais, chevalier, ce ne serait pas le premier miracle dont sont touchés les bienheureux qui ont vu Jérusalem.

1096 : LA MARCHE DES PAUVRES GENS

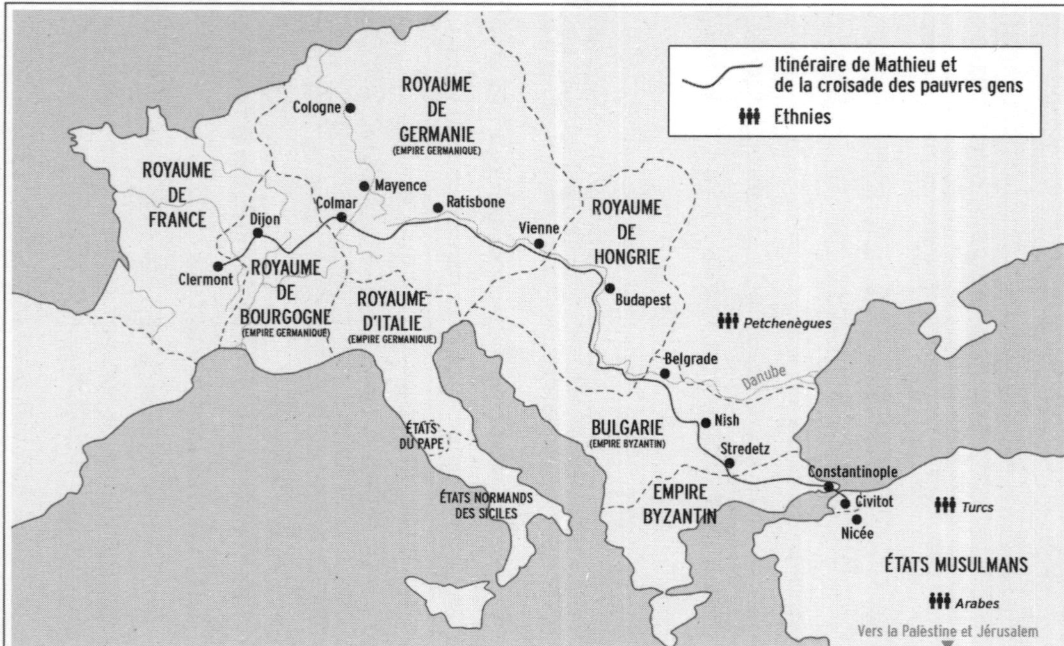

À propos de la croisade des pauvres gens

En l'an 1096, le pape Urbain II, dans un concile réuni à Clermont, prêche la croisade. Il exhorte les grands seigneurs d'Occident et leurs chevaliers à se rassembler pour prendre le chemin de Jérusalem, en Palestine. La Palestine : la Terre sainte, puisqu'à Jérusalem se trouve le tombeau du Christ.

Les motifs du pape sont doubles. Religieux, d'abord : Jérusalem, comme toute la Palestine, est au pouvoir des mahométans, les Arabes musulmans, qui, selon lui, interdisent aux pèlerins chrétiens l'accès au Saint-Sépulcre. Ils sont politiques surtout : les Turcs, musulmans eux aussi, ont envahi les territoires orientaux de l'empire byzantin. L'empereur, le basileus, qui règne à Constantinople (aujourd'hui Istanbul), ne parvient pas à les repousser.

Les Byzantins sont chrétiens, bien que n'appartenant plus à l'Église de Rome, l'Église catholique. Toutefois, les barons d'Occident doivent les secourir contre les infidèles mahométans.

Urbain II n'avait pas prévu que, soulevés par des moines prédicateurs et des religieux exaltés, des centaines de milliers de gens du peuple, de toutes les conditions, répondraient à son appel : serfs à demi esclaves, paysans libres, artisans, soldats, quelques nobles impatients aussi.

Le plus grand nombre pensait servir Dieu et s'assurer le paradis. Beaucoup fuyaient leur misère quotidienne. D'autres cherchaient aventure et profit.

En quelques mois, cette foule innombrable traversa l'Europe, atteignit Constantinople, capitale de l'empire chrétien de Byzance. À peine avait-elle traversé le Bosphore qu'elle fut massacrée par les Turcs. Jamais les *pauvres gens* ne virent Jérusalem.

La croix des pauvres est un roman. Toutefois, les lieux, les itinéraires, les événements sont réels et historiquement reconnus. Des personnages tels que Pierre l'Ermite, Gautier Sans Avoir ont existé. Alexis

Comnène, le basileus empereur de Byzance, a laissé son nom dans l'histoire, aussi bien que Kilij Arslan, le sultan turc.

En revanche, la multitude de ces premiers croisés était anonyme. Il serait vain de chercher Mathieu Boveret, Thibault de Cercy, le père Tersissius ou Madeleine dans les livres d'histoire. Ce sont des personnages de fiction. Pourtant, une chose est certaine, des hommes et des femmes qui leur ressemblaient ont vécu cette tragédie. Beaucoup y ont laissé leur vie.

Ceux qui ont survécu verront leur destin bouleversé quand arrivera enfin la croisade des barons, porteurs de noms illustres : Godefroi de Bouillon, Raymond de Saint Gilles, Bohémond de Sicile… Mais ceci est une autre histoire que le lecteur pourra retrouver dans le tome suivant de cette histoire, *L'épée des puissants*.

N.B. Les acteurs de cette épopée parlaient une langue qui n'est plus la nôtre, bien que ce fût déjà du français. Il était hors de question de reproduire ici la réalité linguistique de l'époque. C'est pourquoi on pardonnera à l'auteur les anachronismes qui sont le privilège d'un romancier.

TABLE DES MATIÈRES

Pierre Davy

Pierre Davy a vécu de longues années hors de son Anjou natal. Quatre ans au Cambodge, dix ans aux Antilles, cinq ans en Éthiopie. Pourquoi ? Parce qu'il le voulait : sans doute. Parce que le hasard des circonstances l'y poussait : peut-être.

Dans ces lointaines contrées, il a appris une chose essentielle : ce que signifie le mot « ailleurs ». Ailleurs, c'est là où rien n'est certain, où tout est possible.

Devenu plus sédentaire, il a compris qu'écrire c'était aussi aller ailleurs, dans l'espace et dans le temps.

Au Moyen Âge de la fin du XIe siècle, aussi bien pour les seigneurs que pour les serfs, l'espace était clos, le temps comme arrêté. Puis est survenu la grande folie de la croisade. Ailleurs s'appelait alors Jérusalem.

Ceux qui ont vécu cette aventure en sont-ils devenus pires ou meilleurs qu'ils n'étaient ? Un fait est certain, lorsqu'on va ailleurs, on en revient différent.

Du même auteur :

AUX ÉDITIONS NATHAN

Un cheval de liberté, nathanpoche.

Oran 62 La Rupture, Les romans de la mémoire.

Guadeloupe 1943 Sous le vent de la guerre, « Antan Sorin », Les romans de la mémoire.

Cambodge 1941-1945 Le Sourire des dieux, Les romans de la mémoire.

Syrie 1941 La Reine aux deux empires, Les romans de la mémoire.

CHEZ D'AUTRES ÉDITEURS

L'Écho des cavernes, Syros.

Les Démons de Négreval, Bayard Jeunesse.

Gilles Scheid

Pour qu'un jour Mathieu ait la chance de croiser le troublant regard vert de Madeleine, il a été nécessaire que Tortegoule lui barre la route...

Pour qu'un jour, les éditions Nathan lui confie la réalisation des illustrations de *La croix des pauvres*, une biographie conventionnelle notera qu'il a fallu à Gilles Scheid qu'il naisse à Metz en 1961, qu'il fasse des études d'orfèvrerie, bijouterie, joaillerie, puis d'illustration à l'école des Arts Décoratifs de Strasbourg, qu'il exerce le métier d'illustrateur depuis sa sortie de cette école ; elle ajoutera éventuellement qu'il a fallu qu'il enseigne le dessin depuis une dizaine d'années... mais elle ne retiendra vraisemblablement pas qu'il a aussi été nécessaire qu'un professeur de mathématique particulièrement antipathique le décourage d'entreprendre des études de médecine... Cet épisode a pourtant une importance considérable dans son parcours. C'est une des pensées qui a traversé l'esprit de l'illustrateur lors de sa lecture du roman de Pierre Davy. Et devant les nombreuses réflexions de Mathieu tentant de « bien » conduire sa vie, il s'est demandé quel poids pouvaient bien avoir nos choix sur notre itinéraire, au regard de celui de l'histoire, et du hasard des rencontres.

Vous avez aimé

LA CROIX DES PAUVRES.

Retrouvez la suite des aventures de Mathieu...

L'épée des puissants
Ill. de Gilles Scheid
Histoire
(à partir de 12 ans)

Constantinople, 1097. Mathieu, parti sur le chemin des croisades, a combattu vaillamment contre les infidèles aux côtés de Thibault de Cercy. Ce dernier, avant de mourir, lui a offert son nom, son titre et sa quête : Mathieu, fils de serf, devient Thibault, chevalier. Bientôt, d'autres nobles se joignent à la marche vers Jérusalem : c'est la croisade des barons ! Thibault doit désormais embrasser son nouveau destin : celui de seigneur et soldat. Mais il est toujours épris de Madeleine, la jeune bergère croisée sur les routes lorsqu'il n'était qu'un brigand...

Découvrez d'autres romans historiques dans la même collection

Le dernier chant de l'Inca

GÉRARD HERZHAFT

Ill. de Gilles Scheid

à partir de 12 ans

Pérou, 1561. L'Empire inca est presque entièrement sous domination espagnole. Huarachi, vieux troubadour-guerrier, fait une halte au village d'Ahuaytambo. Mais les conquistadores espagnols menés par don Fernando envahissent le lieu, menaçant la vie des villageois et en particulier du jeune Yanawa. Pour les sauver, Huarachi promet à don Fernando de le guider vers le plus grand gisement d'or de tout l'Empire. Incas et Espagnols commencent alors un long voyage semé d'embûches, animé par la soif de l'or…

La chanson de Hannah

JEAN-PAUL NOZIÈRE

Ill. de Jacques Ferrandez et Jean-Christophe Lerouge

à partir de 12 ans

Août 1940. Louis, dix ans, fils d'émigrés polonais, partage sa vie entre les corons, le quartier des mineurs de charbon, et le *Café des Amis*, tenu par madame Jeanne. Il rend de menus services aux clients du café, qu'il entend parler de la guerre, sans vraiment s'en soucier. Mais avec la défaite française, l'occupant nazi et la police commencent à arrêter les Juifs. Louis apprend alors par son père qu'il est lui-même juif.

La plume de l'ange

Laure Bazire
et Flore Talamon
Ill. de Raphaël Gauthey
à partir de 12 ans

1759, Paris. Judith Amelot se passionne pour le métier de son père, imprimeur et libraire. Ce dernier est brutalement emprisonné, sans raison apparente, sur ordre du Roi. Pendant son absence, la jeune fille doit assumer seule la responsabilité de l'imprimerie. Désespérée, elle reçoit une bouleversante lettre anonyme qui lui donne le courage de se battre. Mais Judith n'est qu'au début de ses peines… Quelqu'un cherche à anéantir la famille Amelot. Mais qui ? Et pourquoi ?

L'encrier du diable

Laure Bazire
et Flore Talamon
Ill. de Raphaël Gauthey
à partir de 12 ans

1762, Judith, jeune femme passionnée et rebelle, a épousé François Marie Mesliand, libraire à Rouen. Elle se languit souvent de son mari, pris par ses affaires. Lorsque ses amis parisiens veulent faire reconnaître le génie de Molière à l'Académie Française, l'enthousiasme la gagne. Or, une rumeur se propage : et si Corneille était le véritable auteur des œuvres signées Molière ? Judith doit en avoir le cœur net. Mais dans l'ombre veillent ceux qui souhaitent le discrédit de Molière… à n'importe quel prix.

Le singe de Buffon

LAURE BAZIRE
ET FLORE TALAMON
Ill. de Jean-Christophe Lerouge
Histoire (à partir de 12 ans)

1750, Pierre, un jeune paysan français, rencontre une bête jusqu'alors inconnue : un singe ! Cet animal est protégé et étudié par Buffon. Ce célèbre scientifique élabore de nouvelles théories sur l'évolution de l'homme qui contredisent les croyances de l'Église. Dans la lutte qui s'engage, certains veulent voir ce singe mort, et ses restes disparus…
Buffon charge alors Pierre de veiller sur le singe…

De l'autre côté du soleil

PIERRE DAVY
Histoire (à partir de 12 ans)

Le combat désespéré d'un homme pour sa liberté.
Afrique de l'Ouest, XVIIIe siècle. Traoré est un jeune berger peuhl respectueux des traditions… jusqu'au jour où il tombe amoureux de Vanidia, une femme d'une autre ethnie. Pour avoir bravé cet interdit, il est vendu, avec elle, comme esclave. Privés de liberté, traités comme des bêtes, ils sont contraints de marcher à travers la savane jusqu'aux rives de l'océan. Là, les attendent d'étranges hommes blancs, armés de fusils, qui les achètent à leur tour, avant de les embarquer pour un voyage sans retour…

N° éditeur : 10193528 – Dépôt légal : janvier 2013

Imprimé en France. - JOUVE, 1, rue du Docteur Sauvé, 53100 MAYENNE
N° 2036971N.

MIXTE
Papier issu de sources responsables
FSC® C022030